EDITORA JURISMESTRE

FICHA CATALOGRÁFICA
Bibliotecária: Alice Tacão Wagner - CRB 7/RJ 4316

S487t
Serrano, Pablo Jiménez.
Teoria da argumentação jurídica. [livro eletrônico] / Pablo Jiménez Serrano. – Rio de Janeiro: Jurismestre, 2015.

99 p. : Il.

ISBN 978-85-69257-10-3

1. Argumentação jurídica. 2. Direito - metodologia. I. Título.

CDD – 340.14

***Editoração e Acabamento*:**
Editora Jurismestre – Rua H, n. 173
Fone: (24) 99905-8200 – 27251-223 – Volta Redonda, RJ.
www.loja.jurismestre.com.br
contato@jurismestre.com.br

Pablo Jiménez Serrano

Graduação em Direito pela Universidade do Oriente, Cuba (1983), Mestrado em Epistemologia da Política e do Direito pela Universidade São Judas Tadeu (2005) e Doutorado em Direito pela Universidade do Oriente, Cuba (1996), diploma revalidado (RECONHECIDO), de acordo com os documentos constantes do Processo n. 2000.1.4694.1.7 pela Universidade de São Paulo - USP/SP (02 de agosto de 2004). Cursou o Programa de Doutorado: Metodologia Fontes e Instituições Jurídicas da Universidade de Alicante, Espanha. Professor e pesquisador do Centro Universitário Salesiano de São Paulo, Unisal, Lorena. Professor e pesquisador do Centro Universitário de Volta Redonda, UniFOA. Tem experiência na área de Direito, com ênfase em Direito Civil e Direito do Consumidor, atuando principalmente nos seguintes temas: Metodologia do Ensino e da Pesquisa Jurídica, Hermenêutica e Interpretação Jurídica, Filosofia do Direito, Ética Pública e Empresarial, Teoria do Direito etc. É autor de vários livros e artigos científicos.

SUMÁRIO

INTRODUÇÃO

Toda e qualquer Teoria da Argumentação se define pelos métodos legados das diversas escolas, modelos ou paradigmas que orientam a interpretação e a compreensão do Direito, seu conceito e estruturas. É interessante notar que a evolução socioeconômica e científico-tecnológica exige do jurista, novas formas de pensar e abordar os problemas (dilemas) que se albergam nas dimensões das quais as *três* importantes *verdades* são oriundas.

A propósito de uma discussão sobre as *verdades jurídicas* devemos observar que ainda existe um crescente interesse em introduzir os métodos de argumentação e de pesquisa nos diferentes cursos universitários, recursos que, teoricamente, auxiliariam na resolução dos problemas com base na própria racionalidade jurídica, que supostamente, o egresso iria enfrentar, após a sua formação como licenciado ou bacharel.

Muitas vezes duvidou-se e, ainda, se duvida da utilidade do ensino desta importante matéria, pelo fato da notória ausência de aulas e temas que permitam a edificação eficaz de um pensamento crítico-reflexivo, ora visto como condição da aprendizagem moderna: a orientação do *saber*, do *pensar* e do *agir*.

Nesse sentido, o ensino da argumentação jurídica viu-se comprometido pela ausência de obras voltadas para a edificação de uma racionalidade fundamental para o bom desempenho daquele que irão assumir, com eficiência, as diferentes funções: advogados, promotores, juízes etc. Então, observando essa lacuna, decidimos, na presente obra, discutir os caminhos que norteiam as três verdades argumentativas que governam o conhecimento teórico e prático.

O livro tem por objetivo oferecer as bases para um modelo metodológico que possibilite a edificação do pensamento científico-crítico e criativo dos estudantes universitários: a proposta de conceitos que permitam a "organização do pensamento" e a edificação do espírito inovador de nossos futuros profissionais.

Nossa preocupação, portanto, é alertar acerca da necessidade da "organização do pensamento" em função de uma boa prática. Por este motivo, priorizamos o estudo dos lugares dos quais partem os fundamentos da argumentação jurídica, permitindo, com isso, contribuir para a compreensão da necessidade de se evitar a superficialidade e o formalismo na resolução de exercícios e de casos-problema.

O estudo se desenvolve com base nas abordagens lógica, axiológica e empírico-sociológica que definem e influenciam na construção dos raciocínios. Assim, com uma linguagem didática e amena, abordam-se cinco grandes temas, a saber: *Verdades Jurídicas* (capítulo 1), *Lógica Jurídica* (capítulo 2); *Axiologia Jurídica* (capítulo 3); *Racionalismo Jurídico* (capítulo 4) e *Argumentação Jurídica* (capítulo 5), cujos conteúdos, assim esperamos, irão auxiliar na edificação do tão almejado ideário de uma boa prática.

Na obra transcendem duas importantes lições que devem ser cuidadosamente observadas: uma é a *eficiência na produção do discurso* e a outra a sua *justificação com base num determinado conceito de verdade* em face de uma consciência prática. Contudo, se observa que, em diversas ocasiones, é preciso entender quando o método lógico deve ceder espaço ao axiológico.

Examinamos, então, que para edificar o pensamento crítico-criativo será absolutamente necessário exercitar e aperfeiçoar os processos básicos do raciocínio e da argumentação, se realmente almejamos formar profissionais com um alto grau de competência e desempenho teórico-prático. Assim sendo, consideramos que o processo de ensino-aprendizagem desenvolvido nas universidades há de se utilizar de um modelo coerente de aulas-problemas que objetivem a excelência acadêmica e científico-metodológica.

Os temas abordados na presente obra são de grande valia para a construção de um profissional pensante, por constituírem o eixo central dos procedimentos e métodos a serem utilizados no decorrer do estudo e da resolução de problemas, e da consequente formulação de decisões razoadas quer na ordem das pesquisas quer na ordem da interpretação e da integração (e aplicação) do direito.

Em suma, as teses e argumentos que a seguir abordaremos são o resultado de um projeto integrador do pensamento jurídico histórico e moderno que, ainda, objetiva difundir o domínio dos conceitos, das estruturas e dos processos que permitem a organização e a justificação das nossas opiniões e decisões.

CAPÍTULO 1
VERDADES JURÍDICAS

Neste primeiro capítulo discutimos um dos problemas originários do "relativismo jusfilosófico", aquele que designamos como "o problema da significação da verdade", definido pela concepção muito variada e vaga do seu conceito.

Decerto que, a ideia que se tem de verdade varia conforme a época, o lugar, o interesse de indivíduos e grupos. A partir desse "relativismo" iremos discutir a possibilidade de juridicamente podermos trabalhar com o conceito e, nesse sentido, construir argumentos fundados numa razão comum (ou coletiva).

Nossa preocupação, portanto, é discutir a verdade em suas dimensões atuais, propiciando uma nova compreensão de uma significação que legitime o exercício profissional, oferecendo um arsenal metodológico que permita uma melhor compreensão dos alicerces do raciocínio jurídico.

1.1 O conceito de verdade

Um assunto muito discutido, mas ainda não convencionado é o conceito de verdade, aspecto aqui considerado como o problema-objeto de toda reflexão filosófica, por servir de referencial para a avaliação de qualquer afirmação ou proposição.

Não temos a menor dúvida de que as diferentes formas de significar a verdade têm dado origem às divergem as escolas jusfilosóficas que, por sua vez, influenciaram na diversificação das teorias jurídicas.

Muitas são as divergências a respeito da verdade, numa área do saber tão complexa como o Direito.

Mas, se existem verdades jurídicas permito-me perguntar: *o que é verdade*?

1.2 Problemas derivados do relativismo

Os problemas que derivam do relativismo têm como cerne um critério de justificação ou de correção da conduta. O fato de uma afirmação, decisão ou ação ser considerada certa (correta) depende do significado e do sentido atribuído ao conceito de certeza (correção) e esse sentido se sujeita a um conceito referente: o conceito de verdade.

Surge, assim, a necessidade de averiguar, primeiro, o que é verdade, para logo discutir se o que é verdadeiro é sempre correto e se podemos ou devemos atribuir a esses conceitos o mesmo significado. Deste modo, para o senso comum inexiste identidade entre esses conceitos. De maneira que o que, por momento consideramos verdadeiro nem sempre é correto.

O problema, ainda, se agrava pela diversidade de sentidos atribuídos à verdade, sendo certo que, no plano das opiniões todos têm razão e, por isso, ninguém a tem. Daí a importância dos convencionalismos e do diálogo, principais instrumentos da convivência social. Contudo, afirma-se superada a *teoria da verdade* aristotélica, pois não mais se considera verdade como a *correspondência* da asserção à realidade, mas algo construído *discursivamente*, o que significa ser científico o resultado do consenso alcançado em relação ao objeto estudado. Isto faz com que as técnicas de argumentação sejam de extrema importância para o trabalho jurídico. Mas, como fazer para construir argumentos relevantes ou fortes? (ALEXY, 2005)

Como veremos, a seguir, o maior problema do conceito verdade é seu critério de verificação (justificação ou correção). A respeito desses critérios, subsistem variadas teorias e formas dele ser significado, a saber, a *teoria da correspondência* e a *teoria da possibilidade razoável de afirmação*. No plano da argumentação, como veremos, ambas as teorias são de estrema importância para o jurista empenhado em saber o que é fazer a coisa certa e esta noção repercute tanto na certeza do conhecimento como das nossas decisões.

Para Habermas (2004, p. 42, 59), por exemplo, o conceito de conhecimento como representação é indissociável do conceito de verdade como *correspondência*. Assim, afirma o citado autor, não podemos abrir mão do primeiro sem perder também o segundo. Se a linguagem e a realidade se interpenetram de uma maneira indissolúvel, a verdade de uma sentença só pode ser justificada com a ajuda de outras sentenças já tidas como verdadeiras e, portanto, como fundamento.

1.3. Fundamentos da verdade

Mas, como saber se uma afirmação é verdadeira? Quais são as razões que justificam a verdade? Há conhecimento sem justificação?

As respostas reservadas para essas perguntas podem ser diversas, pois, envolvem dois importantes razões ou fundamentos de justificação que, a seguir, serão estudados, a saber: a) empírico-sociológica; c) teórico-discursiva.

Para melhor compreender o assunto, definimos o conhecimento como ideias ou um conjunto de ideias que temos acerca de uma realidade. O conhecimento é um produto ideal: uma "Crença" verdadeira ou justificada: expressa em proposições (GRAYLING, 2002, p. 40, 41). Logo, importa saber como justificar as nossas crenças. Estudaremos, a seguir, dois importantes fundamentos ou razões de justificação.

1.3.1 Fundamento empírico-sociológico da verdade

O primeiro fundamento de justificação parte da seguinte premissa: todo conhecimento ou ideia que temos deriva sempre da realidade objetiva: fenômenos ou acontecimentos. Nesse sentido "nada há em nossa inteligência que não haja entrado nela por meio dos sentidos". (POPPER, 1999, p. 14)

Assim, o fundamento empírico-sociológico da verdade se funda na relação de conformidade do nosso pensamento com uma realidade (exatidão): trata-se da *correspondência*, que aqui chamaremos de V_1. Vejamos os seguintes exemplos.

V_1. *Verdade de correspondência*. Quando afirmamos: *eis aqui uma coisa!* (objeto: dado ou realidade) designamos um objeto ou realidade por meio de uma sentença que envolve uma verdade de *constatação*, isto é, *juízos de fatos* construídos a partir de uma constatação empírica.

Todavia, quando afirmamos "esta coisa (objeto) é uma caneta", "esta caneta é branca" ou "esta conduta é ilícita" estaremos, por meio dessas sentenças descrevendo uma realidade, a partir de uma correspondência (verdade de correspondência) existente entre um objeto (coisa ou conduta) e um nome e qualidade (caneta, branca, ilícita). Tais nomes (conceitos concretos) e qualidades (adjetivos) são previamente conhecidos e convencionados. Neste sentido, contamos com uma referência: sabemos o que é uma caneta, sabemos distinguir as cores, sabemos o que é uma lei e podemos identificar seu conteúdo.

No primeiro caso-exemplo, a justificação se apoia numa experiência (sensível), já no segundo num conhecimento ou convenção.

A respeito da compreensão dos anteriores exemplos a aceitação da verdade depende de uma experiência, isto é, de uma observação direta da coisa em si. Aqui aceitamos que "a verdade é uma propriedade que a proposições não podem perder – uma vez que uma proposição é verdadeira, ela é verdadeira para sempre e para qualquer público" (HABERMAS, 2004, p. 60).

1.3.2 Fundamento teórico-discursivo da verdade

A segunda razão ou fundamento parte da seguinte premissa: podemos ter algum conhecimento ou ideia acerca de uma realidade sem que necessariamente exista constatação, isto é, sem apoio em evidência sólida (experiências). Assim, por exemplo, acreditamos e afirmamos que "o sol nascerá amanhã porque ele assim tem feito no passado". (POPPER, 1999, p. 15)

A razão discursiva (ou argumentativa) se funda nos seguintes conceitos: a) *coerência*, maiormente demonstrável por meio de processos (operações) lógicos que recaem sobre crenças, leis e princípios e, por esse motivo aqui será chamada de V_2 e; b) *razoabilidade* definida por recursos axiológicos que, aqui simbolizamos com V_3. Vejamos.

V_2 - *Verdade de coerência.* Quando afirmamos "Caim matou Abel". Eis uma sentença cuja verdade depende de uma crença. Assim, precisamos acreditar que o fato histórico realmente existiu e para considerá-lo verdadeiro, somos coerentes com a nossa fé, pela impossibilidade real de constatação. Todavia, quando afirmamos "Caim matou Abel" nos referimos a um fato ato ou conduta cuja correlação depende de um acontecimento que se presume verdadeiro e cuja compreensão não precisa de uma constatação empírica. Neste sentido, nas *verdades de coerência* existente sempre um *objeto (fato ou conduta)* na qual necessariamente acreditamos.

Além disso, também deve ser considerado que a verdade de coerência pode estar fundada num princípio. Neste sentido, as nossas afirmações se justificam pelos princípios que invocamos. Assim, por exemplo, "todo corpo abandonado a si próprio, cai" ou "esta norma é inconstitucional". Nestes casos somos coerentes com uma lei ou princípio, portanto, a asserção encontra sua justificação num princípio ou lei física de "*validade*" que vigora em todo tempo e lugar.

Resumidamente podemos fixar o seguinte: quando trabalhamos com asserções cuja justificação se assenta num princípio ou lei de "*validade*" da nossa afirmação se limita a determinado tempo e lugar, assim reconhecida pelo ser humano. Aqui associamos a verdade a um recurso que aponta para além do mundo empírico. Neste sentido, é diferente afirmar que "o corpo em queda livre cai com a aceleração da gravidade" a afirmar que "a corrupção é uma conduta imoral".

Assim, ao afirmar, por exemplo, "toda caneta branca é sempre uma caneta" ou "toda conduta ilícita é antijurídica" reconhecemos verdades sustentadas num raciocínio lógico, isto é, uma *verdade de coerência* existente entre um *objeto (coisa ou conduta)* e um *princípio.*

V_3 - *Verdade de razoabilidade.* Quando afirmamos "esta decisão é justa", "toda conduta preconceituosa é indigna", "esta é uma boa política" etc. estamos enunciando verdades que dependem de um recurso axiológico, razão pela qual são aceitas por motivo da razoabilidade, isto é, dependem de sua possibilidade razoável fundada na razão humana e, talvez, por esse motivo afirma-se o grande fracasso da verdade discursiva (argumentativa).

Mas, certamente, se por um lado, os enunciados jurídicos e morais (prescritivos) que nos dizem o que fazer não devem ser equiparados às afirmações descritivas que nos dizem como as coisas se articulam entre si, por outro, as prescrições se voltam para a conduta e ralações sociais e, neste sentido, conclui Habermas (HABERMAS, 2004, p. 64):

> A partir de um conceito discursivo da verdade, é fácil interpretar a justiça das normas e juízos morais como um análogo da verdade, sem por isso incorrer em implicações realistas. À luz de uma noção epistêmica da verdade, "encaixar-se nos fatos" não é o mesmo que corresponder aos fatos. Entretanto, depois de reformular o conceito discursivo da verdade, tenho de enfrentar mais uma vez a questão da verdade moral.

Em síntese: as três verdades anteriormente explicadas, no mundo jurídico e ético, se complementam.

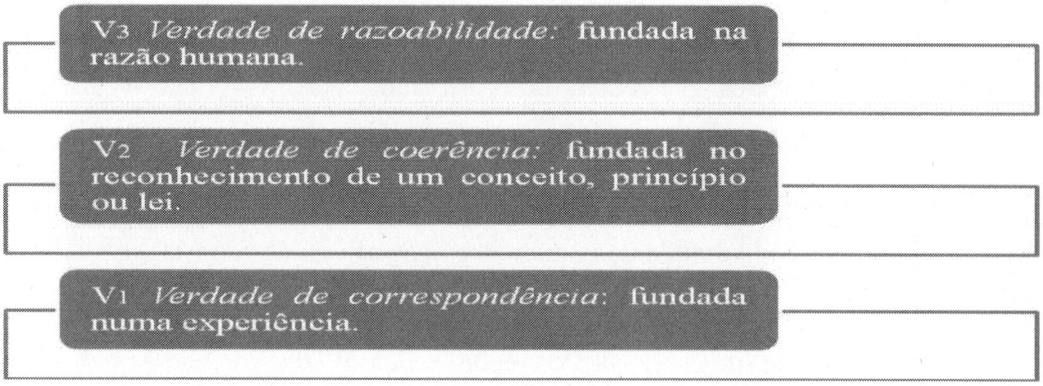

Em consonância com isso, as alegações de verdades, fundadas na aceitabilidade racional do juízo, têm conotação axiológica e não ontológica.

Assim, V_1 se expressa por meio de uma proposição fundada num *juízo de fato*, V_2 se funda numa *relação lógica* V_3 se fundada num *juízo de valor*.

Independentemente das razões em destaque, todas as afirmações fundadas em verdades comunicam alguma coisa e merecem a nossa atenção, pois estão inseridas no mundo do *ser* e do *dever ser*.

Logo, cabe à argumentação jurídica e a ética do discurso discutir a utilidade e oportunidade dos critérios de correção que serão estudados nos próximos capítulos.

1.3.3 Verdades práticas para uma razão comum

Numa época em que todos se questionam sobre as bases e fundamentos possíveis da normatividade jurídico-moral, o multiculturalismo aponta para uma racionalidade que não depende diretamente do sujeito, mas da intersubjetividade, uma lógica de descentralização em relação ao ego.

Mas, para melhor entender o multiculturalismo é importante partirmos de uma definição dos conceitos "cultura" e "culturalismo". Assim, o vocábulo *cultura* pode ser significado como um conjunto de características humanas que se criam, se preservam e se aprimoram, por meio da comunicação, da educação e da cooperação entre indivíduos em sociedade. É, pois, um aspecto importante da vida coletiva, relacionado à produção e à transmissão de conhecimentos e valores que orientam a convivência e distinguem as sociedades. Já, a palavra *culturalismo* é o construto segundo o qual se considera que a cultura de cada sociedade consiste numa realidade objetiva, de natureza coletiva e que escapa ao controle dos indivíduos, sendo dotada de coerência e especificidade próprias.

Multiculturalismo, assim, seria um conceito concreto, por meio do qual designamos uma realidade (objetiva) que é constituída de características humanas diversas, próprias das sociedades modernas, mas que pode ser estudada num contexto global. É nesse sentido que pode ser considerado o multiculturalismo uma problemática do mundo moderno.

Com efeito, há diferenças no estado de desenvolvimento sociocultural dos países, isto deve ser o motivo pelo qual existem diversas maneiras de compreender, abordar e resolver um determinado grupo de problemas (dilemas). Mas, é preciso lembrar que essa diversidade cultural passou a ser considerada patrimônio comum da humanidade e, a sua tutela, um imperativo ético inseparável em face da dignidade da pessoa humana. A proteção dos conteúdos culturais pelas políticas e medidas nacionais ou regionais dirigidas a este fim não exclui o reconhecimento da interculturalidade em tanto interação equitativa de diversas culturas que possam gerar, por meio do diálogo e do respeito mútuo, novas expressões culturais compartilhadas. Os conteúdos éticos presentes nos termos equidade, diálogo e respeito são suficientes para responder uma vez mais a toda pretensão ou teoria bioética que não leve em conta as identidades culturais (v. *Pluralismo*[1])". (TEALDI, 2008, p. 35)

Essa complexidade sociocultural manifesta-se, fundamentalmente, nas inúmeras concepções, modelos e práticas (decisões) que têm como objeto as experiências históricas e modernas. De qualquer maneira, do ponto de vista jurídico-ético desenvolveu-se, nas últimas décadas uma corrente de direito alternativo que, apoiando-se na filosofia e na ética dos direitos humanos, busca, por meio dos ordenamentos jurídicos, da cultura jurídica e das práticas dos seus operadores, diferentes formas emancipadoras e de transformação social. Destacam-se, por um lado, a proposta de Arturo Andrés Roig de uma *moral da emergência*, que acentua a subjetividade como momento de irrupção do outro, o diverso, diante das formas opressivas e unificadoras da eticidade vigente; por outro lado, a *ética da libertação* de Enrique Dussel, que parte de uma racionalidade material (re)produtiva, sustentada na vida humana como critério da verdade, e oferece ferramentas para o exercício de uma racionalidade prática. (ARPINI, 2008, p. 36.)

O multiculturalismo é uma problemática que exige uma investigação "científico-crítica" acerca das razões das diversas formas de resolver os dilemas nascidos da oposição entre valores e princípios, visando a identificar aqueles recursos considerados primários (e comuns) da sociedade mundial.

Existe, contudo, a possibilidade de se pensar a sociedade mundial como uma "realidade" definida pelos próprios valores comuns e universais: vida, convivência, paz, respeito, colaboração, dignidade etc. Com efeito, o reconhecimento da existência de uma unidade (identidade) mundial nos permite, também, afirmar que existem condições homogêneas que propiciam a idealização de um modelo jurídico-educacional que permita disseminar esses recursos hermenêutico-argumentativos.

Certamente, e como consequência do pluralismo cultural, ensina Habermas (2004, p. 10):

---

[1] [Por estas y otras razones la Bioética latinoamericana necesita reflexionar sobre la diversidad lingüística y cultural de las sociedades a las que se dirige (v. *Diversidad lingüística y sistemas de significación*), y debe recomendar el respeto de esta diversidad tal como ha quedado estipulado en la *Convención* de la Unesco. La diversidad cultural ha pasado a ser un patrimonio común de la humanidad y su defensa, un imperativo ético inseparable del respeto a la dignidad de la persona humana. La protección de los contenidos culturales por políticas y medidas nacionales o regionales dirigidas a este fin no excluye el reconocimiento de la interculturalidad en tanto interacción equitativa de diversas culturas que puedan generar a través del diálogo y el respeto mutuo nuevas expresiones culturales compartidas (v. *Diversidad cultural y biopolíticas*). Los contenidos éticos presentes en los términos equidad, diálogo y respeto son suficientes para responder una vez más a toda pretensión de una teoría y práctica de la Bioética que no tenga en cuenta las identidades culturales (v. *Pluralismo*)"].

> O mundo se revela e é interpretado de modo diferente segundo as perspectivas dos diversos indivíduos e grupos – pelo menos num primeiro momento. Uma espécie de pluralismo interpretativo afeta a visão de mundo e a autocompreensão, bem como a percepção dos valores e dos interesses de pessoas cuja história individual tem suas raízes em determinadas radicoes e formas de vida e é por elas moldadas. É essa multiplicidade de perspectivas interpretativas que explica por que o sentido do principio de universalização não se esgota numa reflexão monológica segunda a qual determinadas máximas seriam aceitáveis como leis universais. É só na qualidade de participantes de um dialogo abrangente e voltado para o consenso que somos chamados a exercer a virtude cognitiva da empatia em relação às nossas diferenças recíprocas na percepção de uma mesma situação. Devemos então procurar saber como cada um dos demais participantes procuraria, a partir do seu próprio ponto de vista, proceder à universalização de todos os interesses envolvidos.

Mas, diferentemente de outros autores, acreditamos na possibilidade real de idealizar um tipo de instrução moral que tenha como objetivo difundir as verdades práticas. Elas devem ser descobertas por meio de procedimentos argumentativos capazes de permitir o confronto do nosso ponto de vista com o ponto de vista dos outros. (HABERMAS, 2004)

CAPÍTULO 2
CRITÉRIOS DE CORREÇÃO DA VERDADE

Passaremos, agora, a estudar os critérios de correção da verdade, fundamentalmente, da verdade jurídica. Por critério de correção entendemos aquele argumento por meio do qual se justificam "as decisões de um discurso prático é a força de obrigatoriedade daquela espécie de razões que, em teses, podem convencer a todos igualmente, isto é, as razões à luz das quais todos os participantes podem descobrir juntos, dado um assinto que precisa ser regulamentado, qual prática pode atender igualmente aos interesses de todos". (HABERMAS, 2004, p. 14-15)

Para poder falar em verdade jurídica, vários critérios de correção devem ser observados: o fenomenológico, o lógico e o axiológico. Assim, ao afirmar uma verdade, muitas vezes será necessário abandonar o plano ontológico para ascender ao valorativo. Assim, como a seguir estudaremos todos esses critérios são relevantes.

2.1. Critério de correção fenomenológica

Por meio de critérios de correção fenomenológica procura-se encontrar a verdade nos dados originários da experiência, entendida esta como a intuição das essências.

Com efeito, a "fenomenologia" é conhecida como o estudo descritivo dos *fenômenos*, desenvolvido por meio de métodos que nos permitem a caracterização e explicação das *relações* existentes entre os elementos objeto de interesse à determinada área do saber humano.

Diz-se do *sistema* ou *modelo* metodológico, caracterizado pela abordagem dos problemas segundo um método que busca a volta "às coisas mesmas", na experiência[2].

---

[2] Atitude que permite a percepção e o discernimento claro e imediato da qual deriva o conhecimento imediato de um objeto na plenitude da sua realidade.

Contudo, o interesse da fenomenologia parece estar centrado na análise da disposição dos elementos constitutivos de um objeto: vivência ou fenômeno.

Destarte, a abordagem fenomenologia se define como a pesquisa descritiva pura das vivências. É uma pesquisa que procura a fundamentação última do conhecer que só pode ocorrer a partir da abordagem dos atos do conhecimento. Isto significa: não se contenta o filosofo (ou o jurista) com as palavras, mas deseja retornar as próprias coisas. Sendo essas últimas dadas em vivências, isto é, atos intuitivos, o mundo psíquico manifesta-se como instância à qual os objetos são dados de diferentes modos e a consciência torna-se instância constitutiva do mundo objetivo. Daí o papel importante na fenomenologia é desempenhado pela operação que permite abstrair a aceitação tácita da realidade do objeto para simplesmente aplicar-se às operações realizadas pela consciência. (HUSSERL, 2001, p. 16-17)

Na linguagem comum fenômeno é entendido como: fato, aspecto ou ocorrência passível de observação. Todo acontecimento que existe independentemente da consciência humana. O fenômeno científico pode ser dito de fato de interesse científico, suscetível de descrição ou explicação, isto é, que pode ser objeto dos estudos científicos. Assim, conforme o tipo de ciência seu fenômeno é específico ou de natureza específica para cada ciência.

Nas ciências sociais, por exemplo, identificamos fenômenos (fato) de natureza moral ou social. Assim, tais ciências podem ter como objeto de estudo os fatos e a conduta humana.

Conforme a sua concepção filosófica o fenômeno pode vir a ser considerado como sendo o objeto de experimentação (fato) o dado de uma ciência. Como aquilo que se manifesta à consciência como objeto ou dado que pode ser estudado com métodos apropriados. Todo o que pode se manifestar no tempo e no espaço e, como objeto de experiência possível, pode ser representado por meio de conceitos.

Assim, podemos dizer que a fenomenologia é o estudo descritivo desses fenômenos. A caracterização e explicação de um conjunto de fenômenos de interesse a determinada área do saber humano. Convêm observar que um mesmo fenômeno pode ser estudado por áreas diferentes, porém com perspectivas ou especificidades diferentes. Assim, por exemplo, a conduta humana é estudada tanto pela filosofia (a Ética), como pela Sociologia ou pelo Direito. A diferença essencial radica, em primeiro lugar, na especificidade (exemplo: conduta imoral, fato jurídico, conduta ilícita etc.) e, segundo, na abordagem desse objeto (pelos princípios da moral ou do direito).

O objetivo ou teleologia da abordagem fenomenologia é provar, justificar ou fundamentar hipóteses, proposições ou argumentos. Contudo, ela cuida dos processos por meio do qual se pretende mostrar a certeza ou exatidão de um julgamento, ou, ao contrário, sua "inexatidão" ou "incerteza". Conforme Edmund Husserl (2001, p. 27-28), trata-se de elucidar o ato de "julgar" e o próprio "julgamento". A respeito deste ato, o citado autor propõe uma distinção entre julgamentos imediatos e mediatos. Diz-se que o sentido dos julgamentos mediatos mantém com o de outros, uma relação tal que a crença, que é inerente "pressupõe" a desses outros julgamentos: uma crença é admitida porque outra o é. Em seguida, é preciso elucidar o sentido da tendência da ciência de fundamentar seus julgamentos.

Neste sentido, pensa-se a verdade como sendo um bem definitivamente adquirido, chamado então de *conhecimento*. Se, prosseguindo nesse caminho, explica o nosso autor, analisamos com mais exatidão o próprio sentido da justificação ou do conhecimento, somos levados à idéia de evidencia. (HUSSERL, 2001, p. 28)

Logo, a finalidade da fenomenologia científico-jurídica seria provar, *justificar* argumentos, com base nos processos por meio dos quais mostram-se: a verdade (V_1) e a "oportunidade" de um julgamento.

2.1.1 Justificação, julgamentos e evidências fenomenológicas

Na justificação, os julgamentos demonstram sua "exatidão", ou "acordo", ou seja, o acordo de nosso julgamento com a própria coisa julgada. Ou, mais exatamente: o ato de julgar é uma "intenção" e em geral uma simples presunção de que uma coisa existe ou é de tal maneira. Nesse caso, o julgamento, quer dizer, o que é colocado pelo julgamento, é somente "coisa" e "fato" ("estado de coisas") presumido, ou ainda coisa ou "fato" visto. Mas, em relação a isso, pode haver ainda outro tipo de julgamento intencional, muito particular, uma outra maneira de ter a coisa presente em nossa consciência: a evidencia. Na evidencia, a coisa ou o "fato" não é somente "vista", de maneira distante e inadequada; ela própria está presente diante de nós, e o sujeito que julga tem dela uma consciência imanente. Um julgamento que se limita a uma simples presunção, se é passado na consciência à evidência correlativa, ajusta-se às coisas e aos "fatos" em si. (HUSSERL, 2001, p. 28)

A *justificação* fenomenológica é definida como a correspondência do julgamento com a coisa julgada. Na justificação, os julgamentos demonstram sua "exatidão", ou "acordo", ou seja, o acordo de nosso julgamento com a própria coisa julgada. O *julgamento* (o ato de julgar) é uma "intenção" e em geral uma simples presunção de que uma coisa existe ou é de tal maneira. Nesse caso, o objeto de julgamento, é somente "coisa" e "fato" ("estado de coisas") presumido, ou ainda coisa ou "fato" visto. Já, a *evidência* é um tipo de julgamento intencional, muito particular, outra maneira de ter a coisa presente em nossa consciência. Na evidencia, a "coisa" ou o "fato" não é somente "vista", de maneira distante e inadequada; ela própria está presente diante de nós, e o sujeito que julga tem dela uma consciência imanente.

Ao mundo relaciona-se a atividade da vida cotidiana, assim como o conjunto das ciências, as ciências de fato de forma imediata, as ciências apriorísticas, de forma medita como instrumento de método. A existência do mundo ocorre por si; ela é de tal forma natural que ninguém pensar em enunciá-la explicitamente numa proposição. Não poderia, evidentemente, nem emitir nem admitir como válido nenhum julgamento, se não o *obtenho a partir da evidencia*, ou seja, em experiência em que as "coisas" e os "fatos" em questão me são apresentados "em si". Deverei, então, é verdade, refletir sobre a evidencia em questão, avaliar seu alcance e tornar evidentes para mim seus limites e seu grau de "perfeição", ou seja, ver a que ponto as coisas me são realmente mostradas em si mesma. À medida que houver falha na evidencia, não poderei querer chegar a nada de definitivo. (HUSSERL, 2001, p. 31-34)

Vemos que, conforme a teleologia da ciência, o estudioso quer não apenas emitir julgamentos, mas fundamentá-los. Ou, mais exatamente, ele se recusa a atribuir a um julgamento o título de "verdade científica", para si e para outros, se de antemão não o fundamentou perfeitamente, esse não pode a cada momento retornar livremente a essa demonstração para justificá-la até em seus mínimos elementos. Conforme a perspectiva fenomenológica das ciências, qualquer justificação provém da evidencia. Daí, se queremos fundamentar as ciências de maneira radical, a evidencia do mundo que a experiência nos fornece necessita de qualquer forma de uma crítica prévia de sua autoridade e de seu alcance. (HUSSERL, 2001, p. 28, 29, 35)

Um dos sucessos da fenomenologia, em seus primórdios, consistiu no fato de que o seu método de intuição pura e, ao mesmo tempo eidética, tinha conduzido a ensaios de uma nova ontologia, essencialmente diferente daquela do século XVIII, que operava de maneira puramente lógica. A fenomenologia a conduziu – o que dá no mesmo – a ser tentar construir, bebendo diretamente nas fontes da intuição concreta, das ciências apriorísticas (a gramática pura, a lógica pura, o direito puro, a ciência eidética do mundo intuitivamente aprendido etc.), e uma ontologia geral do mundo objetivo que envolve todos eles. A fenomenologia nos dá a idéia nova do fundamento do conhecimento, a partir de uma concepção da existência de evidências pré-científicas ou evidências primitivas de uma ciência. Eis a idéia do fundamento do conhecimento pelas causas. Observemos uma coisa: a cada tipo de experiência real e aos modos gerais de sua especificação – percepção, retenção, lembrança – corresponde também uma ficção pura, uma "quase-experiência", que possui modos de especificação paralelos (percepção, retenção, lembrança fictícios). (HUSSERL, 2001, p. 32, 46, 150-151)

Para efeito de clareza, é preciso acrescentar que devemos distinguir duas coisas: de um lado, os **atos de consciência** – *percepção exterior, lembrança, predicação (ex. verdade, justiças, validade, eficácia), julgamento de valor*, estabelecimentos de um objetivo, etc, as reflexões (atos reflexivos) que esses atos espontâneos nos revelam e que são atos perceptivos de uma categoria. Esses predicados não estão contidos simplesmente como "dado fenomenológicos" nos estados ou nos próprios objetos intencionais; no entanto, têm "origem fenomenológica". Toda percepção, pela qual concebemos e percebemos de maneira imediata os objetos que nos são mostrados, como o mundo de nossa vida cotidiana que se oferece a nosso olhar, os objetos dos quais não compreendemos imediatamente os sentido e os horizontes, contém uma intencionalidade que remete a uma "criação primeira". Daí a necessidade de investigar tal criação através das causas. (HUSSERL, 2001, p. 51, 73, 125)

2.1.2 A causalidade como princípio dirigente da verdade

A natureza não é um complexo de coisas que, diversificadas, compõem o nosso mundo circundante. É, sim, um complexo de fatos segundo invariações causais. Em verdade, entre sistemas de linguagem e mundo de objetos, seu entorno, verificam-se constantes e complementares interações. Sociologicamente, linguagem e mundo circundante, físico e social, interpenetram-se. Os objetos são construções semióticas. Os suportes da tipificação semiótica provêm do sistema de linguagem. (VILANOVA, 2000, p. 7, 9)

A causalidade e os demais princípios e conceitos fundamentais da lógica formal tem origem fenomenológica. A respeito da origem fenomenológica dos princípios e conceitos fundamentais da lógica formal que a ela se ligam. Esses conceitos em sua generalidade ontológica formal são índices de uma lei universal referente à estrutura da vida da consciência em geral. (HUSSERL, p. 76)

A causalidade, vista como um princípio orientador da verdade, diz-se ser apenas uma aplicação do princípio de razão suficiente à existência do ser contingente. Como tudo o que existe tem uma razão suficiente considera-se também que cada coisa deve ter alguma razão que explique sua existência, isto é, uma *causa*. Assim, a relação de causalidade é vista como um princípio universal, outras como uma lei limitada, que permite compreender qual a orientação do conhecimento científico. Assim, o senso comum considera a *causalidade* como uma ralação operante de uma *causa* e de um *efeito*. Porém, diversos estudos indicam que a *relação de causalidade* se baseia noutros aspectos que não sempre ficam claros no conceito.

Certamente, por meio da *causalidade*, correlaciona-se uma *causa* a um *efeito*, concebendo-se, assim, possíveis conexões ou vínculos, a saber: a) conexão entre um ser inteligente e o ato que ele praticou voluntariamente; b) vínculo que correlaciona os próprios fenômenos e que faz com que um ou vários deles apareçam como condição da existência de outros.

Antes de ocuparmos da problemática metodológica do conceito de *causalidade*, de sua distinção (causalidade natural e causalidade normativa) e incidência, consideramos necessário resenhar algumas das concepções histórico-doutrinárias que mais brilharam na história sobre o assunto. Para isso, é preciso levar em conta algumas noções fundamentais, abaixo relacionadas.

A solução do problema sobre a existência e o caráter do nexo regular dos fenômenos depende do que é aceito como primário: a realidade objetiva (matéria) ou o pensamento (consciência). Por isso, uma boa parte das doutrinas filosóficas, geralmente os indeterministas, negaram a lei da causalidade. Para alguns filósofos nem todo fenômeno da realidade se deduz da causalidade, para outros, a causalidade não existe no mundo objetivo, senão na consciência, na razão ou na ação de uma força sobrenatural.

Tal é o argumento por meio do qual se explica que o conhecimento se conserva de tal forma que, quando nascemos, ou então, posteriormente ao nascimento, simplesmente recordamos o que já conhecemos. David Hume, por exemplo, negava o caráter objetivo da relação causal e afirmava que a experiência é a que nos proporciona o conhecimento da relação causal dos fenômenos, portanto, negava seu conteúdo objetivo. Para esse destacado filósofo a causalidade seria uma relação habitual consequente de sensações e idéias, e a previsão baseada nela é a espera dessa relação.

Kant desenvolveu um estudo analítico dos princípios no qual pretendia explicar a lógica geral correspondente à divisão das faculdades superiores do conhecimento. Assim, analisou o princípio da sucessão do tempo, segundo a lei da causalidade, afirmando que todas as mudanças acontecem conforme a lei do enlace de causa e efeitos. Segundo Kant todos os fenômenos da sucessão no tempo não são mais do que mudanças. Assim, a diversidade do fenômeno é sempre sucessiva. As representações dos fatos se sucedem umas a outras. Enquanto, a saber, se também nos objetos se sucedem, é este já um segundo ponto de exame que não esta contida no primeiro. Portanto, em Kant encontramos a idéia de que a causalidade não se estabelece na experiência; a causalidade existe como uma categoria apriorística, inata, do raciocínio, sobre a base da qual as percepções se concatenam num juízo.

Bertrand Russell, analisando a "Teoria causal da percepção", considerava que o conceito de causa era uma sintetização pré-científica que serve como guia de ação. A causa precede sempre ao efeito no tempo, porém isso não significa que todo fenômeno precedente se encontra em relação causal com aquele fenômeno que lhe sucede. A relação causal nada tem a ver com a sucessão dos fenômenos no tempo.

Neste panorama crítico também se considerou que existe uma diferencia notável entre a causa e o motivo. O motivo pode ser visto como um acontecimento que precede imediatamente a outro, que faz possível seu surgimento, mas não o origina nem determina. Existe um nexo entre o motivo e o efeito, porém tal vínculo é externo, e não essencial. Igualmente, se substituiu a causalidade pela lei da relação funcional, exemplo: não podemos afirmar que o fenômeno *A* origina o fenômeno *B*, senão que ambos se encontram em dependência recíproca. Tal conceito de relação funcional geralmente foi visto na ciência matemática, afirmando-se que ele reflete o nexo objetivo existente entre os fenômenos. Em tal sentido também é atribuído às variáveis dependentes e independentes nas pesquisas científicas.

A relação causal também foi imaginada na forma de relação funcional: o efeito é função da causa, reduzindo-se a causa à dependência funcional, afirmando-se que para a ciência não é importante conhecer como surgem os fenômenos e se reconhecer que existe uma relação de dependência entre os fenômenos (variáveis).

A relação de causalidade de alguma forma esteve presente na filosofia antiga. Eis alguns enfoques dados a este importante princípio pelos chamados filósofos pré-socráticos (BORNHEIM, 1997, p. 25-97):

1. Anaximandro de Mileto (547 a 610 a.C datas prováveis), por exemplo, ainda sem chegar a especificações, reconheceria que "tudo ou é princípio ou procede de um princípio". Para ele os primeiros animais nasceram do úmido, circunvoltos por uma casca espinhosa; com o progredir do tempo, subiram ao seco, e rompendo-se a casca, mudaram de forma de vida.

2. Anaxímenes de Mileto (585 a 525 a.C datas prováveis) afirmava que o ar é o elemento que origina todas as coisas; elemento vivo que constitui as coisas através de condensação ou rarefação.

3. Para Heráclito de Éfeso (504 a 500 a.C datas prováveis) o fogo era gerador do processo cósmico.

4. Para Anaxágoras de Clazomena (500 a 428 a.C datas prováveis) era inexplicável que alguma coisa pudesse vir do não-ser ou findar em não-ser. Não se deve reduzir tudo aos sentidos que nos mostram o pão e a água, mas reconhecer pela razão que são compostos de partes. Anaxágoras pretendia que toda parte é uma mistura de todo, baseando-se no fato experimental de que as coisas vêm de outras coisas. Na visão do filósofo a inteligência que ordenou o universo era tida como causa eficiente.

5. Diógenes de Apolônia (século V a.C, contemporâneo de Anaxágoras) considerava que o princípio das coisas é o ar ilimitado, assim a substância primordial do universo é o Ar imóvel e eterno, do qual nasce a forma de cada outra coisa, por condensação, rarefação ou mudança de estado.

6. Demócrito de Abdera (460 a 370 a.C datas prováveis) dizia preferir encontrar uma única explicação pelas causas a possuir o reino de Pérsia.

Na obra mais representativa da maturidade do espírito de Platão encontramos diversos enfoques por meio dos quais o grande filósofo introduz a relação de causalidade como determinante durante a caracterização da relação entre as coisas e fenômenos. Trata-se de uma exposição feita por se suas próprias idéias acerca de diversos temas e especificamente sobre a vida, a morte e a imortalidade da alma. Assim, por exemplo:

a) "a posse de riquezas, eis, com efeito, a causa original de todas as guerras, e, se somos levados à procura de bens, é por causa do corpo, escravo submetido ao seu serviço". Trata-se do argumento das razões pelas quais pouco nos ocupamos da filosofia. De maneira que, de acordo com o autor, se quisermos saber alguma coisa em sua pureza, termos que nos separar do corpo e olhar com a alma em si mesma as coisas em si mesmas;

b) "todo o que vive nasce do que está morto, pois, o nascimento dos vivos não tem absolutamente outra origem senão os mortos". De acordo com o autor, as almas que foram daqui de novo voltam para este mundo para se tornar a gerar, dos mortos, em novos seres.

c) "torna-se necessário que, em tempos anteriores, tenhamos aprendido aquilo de que presentemente nos recordamos". Trata-se do argumento que explica que o saber não é precisamente outra coisa senão reminiscência. Na verdade, hoje pensamos por que outros já pensaram.

d) "para se ter recordação de alguma coisa, é preciso, num momento qualquer, tê-la aprendido antes". Trata-se do argumento da necessidade de reavivar as lembranças.

Será, pois, por meio do corpo que se pode observar o que há nas coisas de mais verdadeiro, penetrando com o pensamento cada coisa que se torne objeto de pesquisa, até à sua íntima realidade, o mais capaz de aproximar-se do conhecimento dessa coisa. (PLATÃO, 1960, p. 28-29)

Numa época posterior os filósofos chamados *deterministas* reconheceriam que a relação causal dos fenômenos existe e se manifesta de forma objetiva e independente da vontade e da consciência humana. Para eles todos os fenômenos do mundo estão condicionados por meio da lei da causalidade. Assim, afirmou-se que a causalidade objetiva se reflete, de uma maneira mais ou menos exata, na consciência do homem e que todos os fenômenos do mundo, todas as mudanças e processos são resultados da ação de causas determinadas.

Para uma parte dos filósofos que defende a objetividade do princípio de causalidade no mundo não há, nem pode haver, fenômenos sem causas. Todo fenômeno tem necessariamente uma causa, portanto, cada ciência tenta descobrir a causa, o desenvolvimento, transmissão e perecimento dos fenômenos que se estudam. O mundo é constituído de um conjunto de objetos conexos entre si por causalidade que constitui uma parte da realidade das ciências. Conhecer os fenômenos é conhecer suas causas, isto é, conhecer as formas de concatenação dos mesmos. Desta forma, fala-se de causalidade como um nexo interno entre os fenômenos, em virtude do qual uns são consequência de outros.

De acordo com tais concepções e defesas é possível, com efeito, que, percebendo uma coisa pela vista, pelo ouvido ou por qualquer outro sentido, esta coisa nos faça pensar em outra de que havíamos esquecido e da qual se aproximava a primeira, sem com ela parecer ou com ela parecendo.

Certamente, em qualquer campo do saber humano, os cientistas procuram determinar quais são as relações (nexos) que existem entre os elementos e fenômenos de uma dada realidade e quais as causas dos problemas, procurando assim a solução dos mesmos. O estabelecimento de tais relações se faz usando-se dos termos, conceitos, categorias próprios da ciência em questão. Daí que a relação causal anteriormente abordada também se expresse no pensamento, nas idéias, nas proposições, nas teorias e no raciocínio. Nesse sentido, a relação de causalidade como fundamento será objetiva quando se manifesta na realidade objetiva e subjetiva quando no pensamento (raciocínio).

A partir da causalidade se fundamentam as demonstrações científicas, portanto, a causalidade é vista como a razão essencial das ciências, considerando-se que ela (a ciência) não é outra coisa que um conhecimento pelas causas. Ao respeito, duas regras podem ser observadas:

1. "a compreensão dos fenômenos depende do conhecimento de suas causas". Assim, por exemplo, saber que a chuva é água condensada na atmosfera, que se precipita sobre a terra em forma de gotas, não é um conhecimento científico, pois se deve, além disso, ser capaz de explicar esses fenômenos ligando-os à sua *causa*, à sua lei.

2. "a verdade das proposições depende de seus fundamentos". Assim, por exemplo, nas ciências as teorias necessariamente devem estar organizadas de forma metódica e sistemática, sendo que tal sistematização representa seu fundamento.

Com esses argumentos usa-se o termo fundamento para significar uma determinada classe, a saber, os "fundamentos lógicos do conhecimento", ora vistos na necessária disposição e sucessão existente entre os vários elementos componentes e momentos das fontes de conhecimento tratadas no capítulo 1 da presente pesquisa, a saber:

Primeira fonte: conhecimento que deriva da percepção e reflexão que tem como objeto uma dada realidade: fenômenos (fatos) ou acontecimentos;

Segunda fonte: conhecimento que deriva das valorações que tem como objeto as afirmações científicas (enunciados ou proposições) ou não científicas (simples frases).

O fundamento do conhecimento aqui será entendido como a disposição ou sucessão dos elementos componentes da realidade objetiva ou subjetiva, que serve de base a todo raciocínio ou juízo e por meio da qual damos a um enunciado o caráter de lógico e verdadeiro.

O apelo ao panorama histórico para determinar o sentido dado à relação de causalidade não tem nos conduzido a uma visão unitária do termo. No entanto, a resenha histórico-doutrinária precedente nos permite afirmar que a causalidade se diz em vários sentidos. Para poder elucidar os sentidos atribuídos à causalidade consideramos de grande valia analisar o significado específico dos conceitos "causa" e "fundamento", pois tal análise nos permitiria determinar posteriormente o sentido que na presente pesquisa será atribuído à relação de causalidade.

Como já explicamos a *causa* normalmente é entendida como motivo ou origem. Assim sendo, a relação causal (do latim *causale*) se compreende como uma conjunção causal, isto é, como um nexo de "causa" e "efeito". Destarte, fala-se de *causa eficiente* como condição de fenômeno que produz outro fenômeno, de *causa final* como condição daquilo em vista de que algo se produz, de *causa formal* como condição daquilo pelo que alguma coisa é tal ser determinado e de *causa material* como condição daquilo de que uma coisa é feita. Independentemente de tais generalizações o conceito de *causa* tem-se feito coincidir em grande parte com o de *causa efficiens*, com a causa motriz ou eficiente da filosofia orientada aristotelicamente.

De fato, a *causa* tem sido vista como um tipo de *fundamento* ou *razão*; no entanto, tais conceitos (causa, fundamento e razão) merecem uma distinção por não sempre serem equivalentes:

1. Nem sempre podemos identificar, por exemplo, a *razão* vista como um princípio, maiormente lógico ou matemático, isto é, como faculdade que tem o homem de estabelecer relações lógicas com o princípio de *causa suficiente* ou *eficiente*, vista como condição do fenômeno que produz outro fenômeno.

2. É certo que o conceito de "causa" abrange o "fundamento" de uma coisa. Assim, poder-se-ia entende por fundamento "aquilo sobre que se apóia quer um dado domínio do ser (e então o fundamento é garantia ou razão de ser), quer uma ordem ou um conjunto de conhecimentos (e então o fundamento é o conjunto de proposições e de idéias mais gerais ou mais simples de onde, esses conhecimentos se deduzem). (FERREIRA, 2004)

Parece, portanto que, ao se falar de causalidade, também se idealiza a relação que existe entre um "fundamento" e uma "consequência" (ou acontecimento). Assim se afirma que existe um fundamento quando existe uma razão que determina a existência de uma coisa de posterior existência. Segundo este ponto de vista, fundamentar é determinar ou desentranhar os mistérios do surgimento e origem dos fenômenos.

Contudo, "causa" e "fundamento" são termos que ainda não foram distinguidos nitidamente. A verdade é que, ao se analisar a *causa* de um fenômeno, de uma ordem ou de um conhecimento, podemo-nos referir aos "fundamentos reais" das proposições e da idéias, ou, ainda, aos "fundamentos lógicos" da existência de tais fenômenos, proposições e idéias.

Os "fundamentos reais" têm sido considerados como fundamentos dinâmicos (ativos) por meio dos quais explicamos o surgimento (criação), modificação e extinção dos fenômenos e teorias. Neste sentido a relação de causalidade é vista como aquela relação que é capaz de acrescentar algo num ser (na existência) – tal fato é essencialmente o que diferencia a causa do efeito. Assim, explica-se a causalidade como uma relação que caracteriza a posição que ocupa um ente como causa, com respeito a outro que é o efeito.

Observe-se aqui que, por algum motivo, se lhe tem atribuído à relação de causalidade um sentido limitado, quando somente dá-se o único sentido de *fundamento real*. Porém, como explicaremos a seguir, ambos conceitos (relação de causalidade e fundamento real) podem não ter o mesmo significado.

Resumindo: a relação de causalidade apresenta-se com diversos sentidos, já que a mesma pode-se referir tanto aos "fundamentos reais" como aos "fundamentos lógicos" da existência dos fenômenos. Destacando as diferencias esses sentidos diz-se que os fundamentos matemáticos, ou formais não são capazes de produzir coisas, objetos ou fenômenos nuns sentidos dinâmicos, ativos, operantes, mas reconhece-se que, a partir dos mesmos, podemos compreender a origem e formação das coisas, por exemplo: quando procuramos descobrir a razão pela qual *B é consequência de A*, devemos determinar o "fundamento real" da existência de *B*. ; mas, por outro lado, quando querendo afirmar e demonstrar que *A é causa de B*, podemo-nos referir aos "fundamentos lógicos" de tal relação.

Nesse sentido precisa-se de uma categoria capaz de abranger tanto a relação de *causa* e efeito como todas as demais relações ou nexos existentes na realidade objetiva ou subjetiva (ideal). É nesse empenho que, aos efeitos do presente estudo propomos o uso da categoria *fundamento* para significar todo tipo de nexo, isto é, a disposição geral dos fenômenos e idéias da quais derivam a base das duas fontes de conhecimento que a seguir explicamos.

2.1.3 A causalidade como fundamento normativo

Conforme Lorival Vilanova (2000, p. 8, 12), a causalidade normativa ("se A, então deve ser B", ou deve ser, "se A, então B") que logicamente é um dever-ser de uma implicação, tem por pressuposto a existência de um sistema. O direito adquire a forma de sistema é problema que pomos entre parênteses. O que o sistema adquire, com sua efetividade subjacente, é o pressuposto empírico da causalidade estatuída pela norma. Só no interior de um sistema vale a causalidade normativa. Assim, continua o citado autor, sob o ponto de vista da Teoria Geral do Direito, que difere do ponto de vista histórico, sociológico, político e filosófico, o conhecimento distingue: i) o fato tipificado nas hipóteses e o fato tipificado na consequência; ii) a norma que institui a relação jurídica de causalidade; iii) o sistema dentro do qual a norma vale, em *relação-de-pertinência* (por ser gerada segundo as normas geratrizes de normas). A atuação humana é mediante a relação meio/fim: o meio é a causa idônea que leva ao efeito, que é fim da ação. Ordenar a conduta humana importa em articular suas partes na relação meio/fim. Essa é a ontologia teleológica da ação.

A juridicização e a desjuridicização, respectivamente, trazem fatos do mundo e os submetem à causalidade normativa, ou o retira do sistema, abrindo-lhes a porta para que sejam devolvidos ao juridicamente inexistente (sem eficacidade). Muitas vezes, a causalidade natural ingressa no sistema, como suporte fáctico de fato jurídico. Entra sim, mas com base em ato-de-valoração, segundo critérios axiológicos do sistema. Pede estar na base de atos jurídicos ilícitos, o que (na nulidade) dá margem ao corte d causalidade. Mas o sistema pode prever "causas excludentes da imputabilidade": a ação causalmente executada alcança resultado penalmente ilícito. (2000, p. 9)

A tese da causalidade normativa, não interior do sistema jurídico, não conflita com a causalidade entre os sistemas socioculturais. Entre o próprio sistema jurídico e os demais sistemas socioculturais existe causalidade, de cuja natureza não se pode dizer que seja normativa. Entre o sistema político e o sistema econômico, basta exemplificar com o liberalismo, homólogo em ambos, Weber mostrou a relação fatorial entre ética protestante e capitalismo. Não se confunde a causalidade normativa entre fatos jurídicos e consequências (direitos/deveres, pretensões/obrigações, ações/exceções), constituída pelo sistema do direito positivo, com a causalidade sociocultural que existe em todo subsistema sociocultural. (2000, p. 8, 10)

Vê-se o *sistema de normas jurídicas* como um *sistema de significação* que só é viável (realizável e concretizável) se o *sistema causal*, a ele subjacente, é, por ele, modificável. Se o dever-ser do normativo não conta como o poder-ser da realidade. Descabe querer impor uma causalidade normativa contrária à causalidade natural, ou contra a causalidade social. (2000, p. 8, 11)

Já na sociologia de Max Weber enfocava-se a questão da conduta humana orientada, por um fim, como significativa para uma compreensão da base do direito. Daí que as pesquisas do fenômeno jurídico (dimensão fatual), ora visto como componente da realidade jurídica seja feita observando os nexos causais. Assim sendo, é mister reconhecer que alguns fenômenos estão ligados por meio de nexos que não necessariamente são causais. São os casos abaixo relacionados:

Casos 1 – Numa *relação de antecedência ou precedência*, onde se constata a existência de um *fenômeno antecedentes* que não influência nem determina o *consequente*, exemplos:

a) "A noite antecede ao dia" (disposição de fatos);

b) "O dia precede à noite" (disposição de fatos);

c) "A primavera antecede ao verão" (disposição de fatos);

d) "O outono antecede ao inverno" (disposição de fatos),

e) "A infância antecede à juventude" (disposição de fatos);

f) "A juventude antecede à velhice" (disposição de fatos) etc.

Observe-se que a estrutura interna dos enunciados *a* e *b* pode ser invertida, alterando-se assim a disposição dos fatos, porém não a continuidade sucessória dos mesmos. A mesma situação aconteceria no enunciado "o inverno antecede ao verão", pois os fenômenos dia, noite e inverno e verão nunca poderão existir simultaneamente. Tal é a acepção da disposição fenomenal da palavra *causa*; assim, podemos dizer que a presença constante e exclusiva de um *antecedente* e um *consequente* pode, sem dúvidas, sob certas condições, ser vista como uma manifestação da causalidade, isto é, como uma relação sucessória.

Casos 2 – Numa *relação causal influente*, não sendo o *fenômeno antecedente* a única causa necessária do *fenômeno consequente*, exemplos:

a) "A maioridade é condição da capacidade jurídica"[3] (conexão entre fenômenos dinâmicos e estáticos);

b) "O pagamento é causa da extinção das dívidas"[4] (conexão entre fenômenos dinâmicos e estáticos);

c) "A chuva é causa das enchentes em São Paulo" (conexão entre fatos).

Observe-se que nos enunciados *a*, *b*, *c* e *d* os antecedentes não são, de forma absoluta, as únicas causas geradoras dos consequentes, assim, a "maioridade" (fato), a "morte" (fato), o "pagamento" (ato) e as "chuvas" (fato) serão consideradas como algumas causas entre outras possíveis.

Casos 3 – Numa *relação causal determinante*, sendo o *fenômeno antecedente* necessário para que exista o *fenômeno consequente*, exemplos:

a) "O nascimento com vida origina a personalidade jurídica"[5] (conexão entre fenômenos dinâmicos e estáticos);

b) "A morte é causa da extinção da existência da pessoa natural"[6] (conexão entre fenômenos dinâmicos e estáticos);

b) "A inscrição do ato constitutivo origina a existência legal da pessoa jurídica de direito privado"[7] (conexão entre fenômenos dinâmicos e estáticos).

Aqui os fenômenos: "nascimento" (fato) e visto como causa da personalidade jurídica (situação de direito) e o fenômeno "crime" (ato) são considerados causadores de uma dada situação jurídica (consequência).

Vale destacar que, na presente pesquisa, a relação de causalidade é vista na dimensão fatual como uma relação entre fenômenos e não entre objetos. Devem-se assim distinguir os fenômenos dos objetos (coisas); pois, certo é que o termo fenômeno representa o que se existe

---

[3] Código Civil, art. 5º: *A menoridade cessa aos dezoito anos completos, quando a pessoa fica habilitada à prática de todos os atos da vida civil.*

[4] Código Civil, art. 269: *O pagamento feito a um dos credores solidários extingue a dívida até o montante do que foi pago.*

[5] Código Civil, art. 2º: *A personalidade civil da pessoa começa do nascimento com vida; mas a lei põe a salvo, desde a concepção, os direitos do nascituro.*

[6] Código Civil, art. 6º: A existência da pessoa natural termina com a morte; presume-se esta, quanto aos ausentes, nos casos em que a lei autoriza a abertura de sucessão definitiva.

[7] Código Civil, art. 45: *Começa a existência legal das pessoas jurídicas de direito privado com a inscrição do ato constitutivo no respectivo registro, precedida, quando necessário, de autorização ou aprovação do Poder Executivo, averbando-se no registro todas as alterações por que passar o ato constitutivo.*

e deriva da relação do objeto para como ou sujeito. Note-se que "se os fenômenos fossem coisas em si (objetos), ninguém poderia explicar, pela sucessão das representações do que têm de diverso como esta diversidade está enlaçada no objeto. Assim, por exemplo, a apreensão do que há de diverso no fenômeno de uma coisa, posta diante de mim, é sucessiva" (KANT, [s.d], p. 176). Portanto, penso não seria correto enunciar: "*o fruto é a causa da semente*", "*a árvore é causa do fruto*", "*a semente é causa da árvore*", "*a água é causa das nuvens*", "*as nuvens são causa do mar*".

É verdadeiramente impróprio dar a uma coisa o caráter de causa, pois objetos e coisas não são causas, tampouco verdades. Cada coisa ou objeto tem uma essência e existência própria; contudo, no processo de análise do nexo causal deve-se prestar sempre atenção às circunstâncias nas quais estão envolvidas as coisas ou objetos, ao estado ou ao modo de ser dessas coisas, isto é, ao modo de se manifestar um dado objeto num contexto (fenômeno).

As mudanças (transformação) das coisas ou objetos dão-se de acordo com o grau de influência de uma condição dada nessa coisa ou objeto que aqui chamamos de fenômeno, por exemplos: "o nascimento e o crescimento de uma árvore" ou "o nascimento e o crescimento dos frutos". Tais consequências dependerão do cumprimento de determinadas condições anteriormente dadas sobre as coisas (sementes), a saber, "boa semeadura", "boas condições climáticas" etc. Assim sendo, da observação da conexão entre tais circunstâncias é que podemos deduzir conclusões sobre a sucessão, dependência ou independência existente entre esses fenômenos. Desta forma, podemos afirmar que: a) "o bom crescimento da árvore depende de uma eficiente semeadura, da fertilidade da terra e das boas condições climáticas"; b) "o nível cultural de um jovem aumenta com o exercício diário das leituras" ou; c) "a ausência da chuva é causas da seca".

Podemos falar de fenômenos que: a) *antecedem*, mais que *não influem nem determinam* a o surgimento ou a existência de outro fenômeno ou situação *consequente*; b) *antecedem e influem* num outro fenômeno ou situação *consequentes* e; c) *antecedem e determinam* um outro fenômeno ou situação *consequente*.

Tomando como base a anterior tipologia, por meio dos seguintes axiomas verificamos:

a) A *relação causal sucessória e contínua não produtora de efeitos* pode ser vista como um nexo (ou sucessão) natural, isto é, como uma relação de coordenação ou de disposição de determinados fatos ou elementos antecedentes e consequentes que estão ligados num determinado tempo e espaço. Exemplo: "a noite sucede ao dia".

b) A *relação causal sucessória e contínua produtora de efeitos* pode ser vista como um nexo (ou sucessão) natural existente entre uma causa produtora direta ou indireta de um efeito e uma consequência derivada. Exemplo: "uma alimentação diária e sadia influencia positivamente no crescimento dos jovens".

c) A *relação causal necessária e suficiente* pode ser vista como um nexo entre um fenômeno que é capaz de produzir efeitos e uma consequência derivada. Exemplo: "a chuva é causa umidade".

d) A *relação causal não necessariamente única* pode ser vista como um nexo entre um fenômeno que, junto a outros, pode originar uma consequência dele derivada. Exemplo: "a chuva é causa a enchente".

Portanto, como resultado de toda essa análise, consideramos o seguinte:

1 as concatenações (relações) existentes entre os fenômenos são variadas. Tais relações se nos apresenta das mais variadas formas, devido à riqueza de nexos existentes no mundo; assim sendo, a causalidade é só uma pequena parte do nexo objetivo universal;

2 a relação causal também tem um caráter recíproco, pois não só a causa pode gerar um efeito, senão também o efeito pode agir sobre a causa e modifica-la (o que hoje aqui é causa amanhã ali pode ser efeito);

3 na disposição dos fenômenos podemos constatar a existência tanto de um nexo causal como uma mera relação de antecedência (sucessão entre fenômenos);

4 nem sempre a causalidade é vista como conexão entre fenômenos, mas como nexo entre pensamento (dedução). Assim, a relação lógica entre idéias tem-se como uma relação de

fundamento e *efeito* e como um reflexo das diversas relações existentes entre os fenômenos, entre as quais se inclui a relação causal.

5 a causa pode existir ao mesmo tempo em que o efeito. Assim, observa-se na natureza onde a causa não pode produzir todo o seu efeito num instante. Porém, no instante em que o efeito se produz é sempre coetâneo da causalidade da sua causa; porque se esta causa tivesse desaparecido instante antes o efeito não se teria produzido. Neste particular, Kant dá vários exemplos: uma bola posta sob uma almofada fofa produz uma ligeira depressão, esta bola, considerada como causa, está ao mesmo tempo em que seu efeito. Entretanto, distingo-os um do outro pela relação de Tempo que existe na sua união dinâmica. Igualmente afirma que o copo é a causa da elevação da água sobre sua superfície horizontal, a pesar de ambos os fenômenos se verificarem ao mesmo tempo. (KANT, [s.d], p. 184)

Primeira observação: aqui não consideramos que a bola e almofada sejam fenômenos, porém apreciamos como fenômeno *A* (causa) a pressão que o peso da bola exerce sobre a superfície da almofada e como fenômeno *B* (efeito) a ligeira depressão percebida sobre a almofada.

Segunda observação: tampouco consideramos que o copo seja a causa da elevação da água, porém a forma do copo é causa determinante da posição que ocupará a água dentro dele.

A contribuição metodológica da fenomenologia se expressa através das possibilidades que a causalidade nos oferece na abordagem dos fatos ou fenômenos, no processo de pesquisa e de formação do conhecimento jurídico. Processos onde necessariamente toma lugar a observação, a percepção, a análise, síntese e, finalmente, os julgamentos.

Assim, a justificação de um enunciado teoréticos (teóricos), segundo Popper (1999), por exemplo, na frase: "aqui há um código civil" depende inteiramente da percepção, mais também dos convencionalismos (acordos) semânticos, pois existe uma marcada diferencia entre os diferentes instrumentos jurídicos: constituição, códigos, regulamentos, resoluções, decretos etc. Assim, poderíamos afirmar que, se o conhecimento parte do mundo empírico ele se concretiza no mundo intelectual (por meio de processos lógicos).

Entre os vários problemas jurídicos conhecidos, existe aqueles (a eficácia normativa) que não são passiveis de serem investigados com o uso de procedimentos lógico dedutivos e indutivos. Assim, tampouco "há via *inferencial indutiva* ou *dedutiva* que conduza da efetividade à validade" (VILANOVA, 2000, p. 13). Daí a necessidade das pesquisas empíricas (ou histórico-sociológica).

Tomam-se, assim, como objeto de conhecimento o sistema de normas positivas, quer dizer, as normas incidentes nos fatos naturais e sociais, e os fatos naturais e sociais enquanto qualificados por normas. (VILANOVA, 2000, p. 16)

Em suma, a compreensão causal (fenomenológica) nos permite abordar e, oportunamente, propor soluções possíveis para aqueles problemas jurídicos que andam na dimensão factual do direito, a saber, falta de sistematicidade (causalidade normativa), falta de completude e ineficácia social do direito.

Uma defesa à sociologia jurídica é aquela que diz do direito uma construção que opera com base na dimensão fatual. Assim, toda proposição jurídica se sustenta na percepção dos fatos da vida jurídica e na generalização das vivências dessa percepção.

O fenômeno jurídico, avaliado e regulamentado pelo ordenamento jurídico, pode ter forma *dinâmica*: *fatos* (chuva, inundação, nascimento, morte etc.), ou *atos* (acordos, contratos, testamentos, casamentos etc.), que constituem, modificam ou extinguem realidades (relações jurídicas). O fenômeno jurídico poderá, ainda, ter forma *estática*, quando se produz uma situação jurídica referida ao modo de estado de vida, isto é, repercute no estado especial das pessoas ou das coisas. Exemplos: ser cônjuge, vendedor ou comprador, depositante ou depositário, mandante ou mandatário, proprietário ou possuidor, credor ou devedor, herdeiro, pessoa natural ou jurídica, maior de idade, etc.

(A) Negócio Jurídico (B) Ato Jurídico (C) Fato Jurídico

Assim, podemos deduzir que (B) é (C): todo Ato Jurídico é um Fato Jurídico; que (A) é (B), isto é, todo Negócio Jurídico é um Ato Jurídico e que (A) é (C) todo Negócio Jurídico é um Fato Jurídico.

A realidade social, quando prevista pelo ordenamento jurídico, começa a formar parte da realidade jurídica. A própria existência do ordenamento jurídico obriga a uma divisão da realidade social em dois setores: o primeiro, organizado, regulamentado e disciplinado pelas normas e, o segundo, de que as normas não têm se ocupado por não o considerar necessário a uma justa paz da comunidade. A nota diferencial tem de se encontrar na necessidade de ordenação da realidade, por isso o casamento é uma relação jurídica e a amizade uma relação social. (DIEZ-PICAZO, 1995, p. 137-138)

Eis que a vida humana, a vida social, como matéria jurídica, se compõe de um emaranhado de atos e de comportamentos (ou condutas) dos homes e de uma serie de situações que se apresentam como sendo o ponto inicial e final desses atos e comportamentos. Nesse contexto deve-se perguntar: quais são as experiências e fenômenos jurídicos os quais devemos considerar como primários e qual é a razão pela qual determinado fato da vida social pode ser qualificado de jurídico. (DÍEZ-PICAZO, 1999, p. 5-22)

Os fatos, propriamente chamados de simples fatos são aqueles acontecimentos normais ou corriqueiros que, na verdade, não interessam ao direito. Assim, por exemplo, quando chove, estamos diante de um fato simples (chuva). Logo, trata-se de um fato simples involuntário, isto é, que não emana da "vontade" humana nem engendra consequência jurídica alguma.

Quando nos reunimos para estudar o direito ou para assistir as palestras de um professor estaremos diante de um fato simples, voluntário, pois tal fato ora erigido em ato emana da "vontade" humana. Pois bem, fatos simples, assim, dividem-se, como se vê, em "voluntários" e "involuntários", segundo emanem ou não da vontade humana e, sempre, fora do alcance da incidência da norma jurídica.

Destarte, quando os fatos corriqueiros, voluntários e involuntários, se submetem à incidência da norma jurídica, estaremos aí diante dos "fatos jurídicos". Se provenientes da vontade humana são "voluntários". Se não provenientes da vontade mencionada, "involuntários". Como exemplo dos fatos jurídicos involuntários, poderíamos apontar um acidente que trouxesse a morte de seu condutor. Como exemplo de um fato jurídico voluntário poder-se-ia apontar a compra e venda de um imóvel. Nesse último caso, estamos diante de um "fato jurídico voluntário lícito", isto é, diante de um ato jurídico – negocio jurídico ou contrato. Logo, por meio da denominação "ato jurídico" (fato jurídico voluntário) veio-se a configurar o negócio jurídico (quando patrimonial) e o contrato (quando bilateral).

Amplamente desenhado e desenvolvido pela casuística romana, ao longo de todos os períodos, veio o negócio jurídico tomando contornos de século a século, estudado e aprimorado pelos juristas do mundo inteiro, inclusive os glosadores da idade média, até que despontou nos sécs. XIX e XX nos Códigos Civis de quase todo o mundo.

Desta forma, existem atos jurídicos que não são negócios jurídicos. Hodiernamente, por exemplo, lhe é dada pelo Código Civil brasileiro, em seu artigo 185, a seguinte conotação: *Aos atos jurídicos lícitos, que não sejam negócios jurídicos, aplicam-se, no que couber, as disposições do Título anterior.*

O fato jurídico voluntário (ato jurídico) pode ser considerado "ilícito", quando transgressor do ordenamento jurídico, exemplos:

> Aquele que, por ação ou omissão voluntária, negligência ou imprudência, violar direito e causar dano a outrem, ainda que exclusivamente moral, comete ato ilícito. (Art. 186 do Código Civil brasileiro)
>
> Também comete ato ilícito o titular de um direito que, ao exercê-lo, excede manifestamente os limites impostos pelo seu fim econômico ou social, pela boa-fé ou pelos bons costumes. (Art. 187 do Código Civil brasileiro)
>
> Não constituem atos ilícitos:
> I - os praticados em legítima defesa ou no exercício regular de um direito reconhecido;
> II - a deterioração ou destruição da coisa alheia, ou a lesão a pessoa, a fim de remover perigo iminente.
>
> Aquele que, por ato ilícito (arts. 186 e 187), causar dano a outrem, fica obrigado a repará-lo.
> Parágrafo único. Haverá obrigação de reparar o dano, independentemente de culpa, nos casos especificados em lei, ou quando a atividade normalmente desenvolvida pelo autor do dano implicar, por sua natureza, risco para os direitos de outrem. (Art. 927 do Código Civil brasileiro)

Contudo, analisando as regras anteriores, podemos deduzir que a ação ou omissão voluntária, negligente[8] ou imprudente[9] que viola direito e causa dano (ato ilícito) pode ser

[8] *Negligencia*: descuido, desatenção que pode vir a originar danos a outrem.

considerada um fenômeno de signo dinâmico. Já a consequência derivada prevista no art. 927 do CC será considerada uma situação: fenômeno de caráter estático.

O fato jurídico é "lícito", quando encerra um fato jurídico emanado da vontade humana e ajustado ao ordenamento jurídico, exemplo: a compra e venda aperfeiçoada. (Art. 481 do Código Civil brasileiro). Assim, as normas jurídicas são reguladoras de fatos ou situações jurídicas.

Entende-se por "fenômeno" (fenômeno jurídico) todo que é percebido pelos sentidos ou pela consciência, todo fato ou conduta de natureza moral ou social, objeto de experimentação, ou todo o que é objeto de experiência possível, que se pode manifestar no tempo e no espaço segundo as leis do entendimento. (FERREIRA, 2004, p. 887)

Da definição anterior podemos deduzir que, "pela sua estrutura, os fenômenos jurídicos podem se diversificar em duas grandes categorias:

a) O *fato jurídico quer voluntário quer involuntário* que aqui chamaremos de fenômeno de signo *dinâmico* e que se caracteriza por constituir um acontecer, uma mutação ou uma modificação que se produz no mundo da realidade factual (p. ex., terremoto, inundação, nascimento, morte; mas também roubo, acordo, declaração, etc.).

b) A *situação* ou o modo de estado de vida, um estado especial das pessoas ou das coisas. É um fenômeno de caráter *estático*. Há uma situação jurídica quando as pessoas ou as coisas estão de uma determinada maneira na vida social que o ordenamento jurídico avalia e regulamenta. São situações: o ser proprietário, o ser devedor, o ser herdeiro, o ser maior de idade. (DIEZ-PICAZO, 1995, p. 139)

2.2 Critério de correção lógica

---

[9] *Prudência*: agir com cautela e moderação, procurando evitar erros ou danos.

Ao abordar do direito seus problemas, até muito pouco tempo atrás, o jurista auxiliava-se de processos lógicos conduzidos pelo raciocínio positivista e dogmático muito comum na nossa área. Isto, porque o raciocínio jurídico "designava" uma atividade o processo que se produz na mente do jurista buscando lugares comuns e reconhecidos pela doutrina (conceitos, denominações, definições etc.) ou propiciados pelas leis (normas, princípios e regras ou dispositivos). Essa forma de pensar o direito que se diz muito diferente da lógica formal acabaria influenciando nas interpretações e nas definições jurídicas. Neste primeiro capítulo abordaremos a Lógica Jurídica como um dos processos/recursos fundamentais da Filosofia do Direito, assunto do qual se ocupa ao jurista teórico e prático preocupado com a investigação do valor do conhecimento jurídico expresso em proposições.

A Lógica, assim, se define como a área do saber humano que cuida dos estudos que visam a determinar os processos intelectuais que condicionam o conhecimento verdadeiro. Neste sentido, as lições de Lógica se referem aos estudos tendentes a expressar em linguagem as estruturas e operações do pensamento.

O pensamento lógico acaba por orientar a correção entre um número reduzido de premissas, com o intuito de construir um discurso rigoroso, adequado e aceito por todos.

Por esse motivo as ciências, ou melhor, o pensamento científico, assim como proposto pela orientação empírico-positivista; lógica matemática, lógica simbólica etc. se funda na correlação possível entre premissas verdadeiras, que têm por objetivo e fim determinar categorias racionais válidas (conclusão) que nos permita a apreensão, a interpretação e compreensão da realidade concebida como aquela dimensão que pode ser observada, estudada, investigada indutiva e dedutivamente.

2.2.1 Justificação, julgamentos e evidências lógicas

A Lógica Jurídica é "a parte da lógica que examina, do ponto de vista formal, as operações intelectuais do jurista". (KALINOWSKI, *apud* PERELMAN, 2004, p. 4)

Lógica Jurídica, como área do saber humano, é a parte da ciência (conjunto de conhecimentos) que auxilia na compreensão das formas ou maneira em que os construtos[10] e

---

[10] Conceitos, símbolos e proposições descritivas (juízo de fato), valorativas (juízo de valor) e prescritivas (normas).

figuras jurídicas se relacionam. Neste sentido, ela é definida como a "ciência positiva dos signos, das formas e do processo do conhecimento". (REALE, 2002, p. 27)

Podemos, assim, definir a Lógica Jurídica como uma Lógica Aplicada ao Direito: o conjunto de conhecimentos e procedimento que nos auxilia na justificação (correção) do conhecimento jurídico.

Por que a Lógica Jurídica é uma Lógica Aplicada?

Pois bem, assim como aconteceu com a Filosofia (Filosofia das Ciências, Filosofia da Matemática, Filosofia da Linguagem, Filosofia do Direito etc.), a Ética (Ética Pública, Ética Empresarial, Ética Administrativa etc.) e outras tantas áreas do saber humano, a Lógica passou a se ocupar de problemas específicos.

A distinção entre Lógica e Lógica Aplicada não é unívoca. Autores como Perelman (2004, p. 5) consideram que não há, senão uma lógica: a lógica pura e simples (pura e simples tomada no sentido teórico ou normativo). Assim, para o citado autor, "é vão tentar estudar uma lógica jurídica no sentido próprio do termo, pois ela não existe": há apenas uma lógica formal.

Mas, a afirmação da existência de uma única lógica (a formal) compromete e coloca em dúvida a verdadeira existência de uma Lógica Jurídica, pois, como explicaremos no terceiro capítulo, o raciocínio jurídico não se constrói unicamente com premissas verdadeiras, por esse motivo, não devemos identificar a Lógica Jurídica com a Lógica Formal.

Assim, como será visto, o raciocínio jurídico tem uma lógica específica. Sua estrutura se adapta a dar um sentido à ambiguidade e a constantemente verificar se a sociedade chegou a discernir novas diferenças ou similitudes. Trata-se essencialmente de argumentações pelo exemplo e por analogia. Conclui-se, assim que a lógica jurídica é uma lógica material, que nos deve fazer refletir sobre o que cabe fazer nos limites do possível, quando se quer chegar a juízos jurídicos verdadeiros ou, ao menos, corretos. (PERELMAN, 2004, p.7)

Resumidamente podemos fixar o seguinte: a lógica jurídica é uma lógica exclusiva e diferente de qualquer lógica formal e, ainda daquelas desenvolvidas noutras áreas do conhecimento humano. A exclusividade do raciocínio lógico-jurídica depende da noção que o operador do direito tem da sua ciência e, nesse sentido, uma análise dos fundamentos da Lógica Jurídica nos ajudará a melhor compreender as estruturas do raciocínio jurídico.

O problema fundamental da lógica é a compreensão do relacionamento que existe entre uma ideia e outra, isto é, saber qual é o lugar que ocupam as proposições num determinado contexto.

Os problemas do direito são basicamente de ordem lógica e axiológica. As conclusões e as decisões jurídicas, diferentemente das especulações teóricas, se fundam em certa margem de segurança e objetividade. Contudo, o valor do que é afirmado, assim como das decisões, depende da sua validação (da sua justificação) que pode derivar de três planos distintos: o *empírico*, o *simbólico* e o *valorativo*. O plano "empírico" constitui o objeto da abordagem *causal*, o "simbólico" constitui o objeto da abordagem *lógica* e o "valorativo" constitui o objeto da abordagem *axiológica*.

O plano "simbólico" objeto do presente capítulo, refere-se às pesquisas que priorizam a validade formal das proposições que derivamos dos processos de explicação e compreensão de determinadas esferas da realidade jurídica, fundamentalmente da jurídico-positiva (doutrinas e normas). Veremos, a seguir, o significado, os fundamentos da lógica jurídica.

2.2.2 Recursos de correção lógica

Os processos ou procedimentos lógicos decorrem, essencialmente, de um associacionismo proposicional, por meio do qual relacionamos proposições consideradas muitas vezes verdadeiras ou corretas.

Diz-se, assim, de dois vieses ou caminhos complementares nascentes da mudança de paradigma, da filosofia mentalista para a linguística que abordam a linguagem segundo aspectos opostos:

> Ao passo que Frege e a tradição analítica em geral se interessam antes de tudo pela função representativa da linguagem e pela estrutura propositiva de sentenças afirmativas simples, enfocando assim a relação entre a sentença e o fato, Heidegger e os filósofos hermeneutas analisam a função por meio da qual a linguagem comum revela o mundo e procuram encontrar as visões de mundo inscritas nas

> características gramaticais da linguagem. Os dois partidos usam meios diferentes: os instrumentos da análise lógica, de um lado, e o método da linguística do conteúdo, de outro. (HABERMAS, 2004, p. 51-52)

Assim, por exemplo, é concebida a dogmática jurídica como uma dimensão explicativa e construtiva do Direito, mediante processos dedutivos. A dedução seria, portanto, um método secundário e complementar, destinado a guiar o intelecto partindo dos princípios para as suas consequências, e a estruturar logicamente o saber jurídico no plano da ação. (REALE, 2002, p. 319)

Trata-se, pois, da validade do conhecimento como problema central da Lógica, que envolve também a forma em que as figuras e construções se constituem e relacionam.

2.2.2.1 Os conceitos e suas definições como referenciais lógicos

O conceito pode ser definido como abstrações os símbolos dos fenômenos, objetos ou acontecimentos observados.

Acerca deste importante recurso da linguagem Carnelutti (2002, p. 18) nos ensina que, no campo do trabalho intelectual os fenômenos são a matéria-prima e os conceitos o produto dela.

Certamente, podemos pensar o mundo e construir argumentos graças aos conceitos. Assim, os conceitos são elementos basilares do pensamento lógico jurídico, pois doutrinas e normas se organizam e estruturam com conceitos. Daí que, no processo de argumentação lógica as relações entre conceitos são determinantes.

Certamente, os conceitos fazem parte do sistema de referência do discurso que adquire o seu significado pela definição que a ele atribuímos. Todavia, ao usarmos os conceitos devemos cuidar da sua definição, e observar aquela que já foi aceita (convencionada) pela comunidade à qual pertence o interlocutor.

Assim, definir significa indicar ou especificar a classe geral e a subclasse de fenômeno a que o termo efetivamente se refere, aqui o grande problema radica em que nem sempre trabalhamos com conceitos que tem um referente empírico (conceitos concretos), exemplo, contrato, casamento, relação jurídica, mas também e a maioria das vezes usam-se conceitos abstratos (conceitos ideais) cujo referente não pode ser constatado empiricamente, com é o caso, por exemplo, dos conceitos justiça, dignidade, bondade.

De qualquer forma, por meio de uma definição descrevemos uma realidade ou prescrevemos uma forma de comportamento (conduta).

2.2.2.2 O princípio como referencial lógico

As verdades também se fundam em princípios ou lei física dirigentes do conhecimento, aqueles preceitos que, tendo um alcance universal, são considerados premissas principais de qualquer proposição (enunciado, afirmação ou juízo) e, também, em princípios ou leis convencionadas pelo homem.

Entende por princípio todo aquilo pelo que alguma coisa existe ou é conhecida. Daí, que os princípios dirigentes (orientadores) do conhecimento sejam vistos como o conjunto de recursos que nos permitem fundamentar nossas proposições. Preceitos que, tendo um alcance universal, são a condição de qualquer enunciado, proposição ou afirmação.

Vários são os princípios propostos pela Filosófica. Leibniz, por exemplo, tentando explicar o surgimento ou a existência dos fenômenos, organizou e listou os seguintes:

a) *Princípio de identidade*, com suas três formas derivadas (o princípio de *contradição*, o de terceiro *equivalentes* e o de *capacidade*);

b) *Princípio de razão suficiente*, do qual derivaram os princípios de *substância*, *lei*, *causalidade*, *causa primeira* e *finalidade*.

De acordo com Kant ([s.d], p. 182) o princípio de *razão suficiente* é o princípio de toda existência possível, quer dizer, do conhecimento objetivo dos fenômenos, sob o aspecto de sua relação na sucessão do tempo. Assim, para este importante filósofo todo conhecimento empírico supõe a síntese do diverso operada pela imaginação, o que é sempre sucessiva, pois nela (a imaginação) estão sempre as representações umas depois das outras.

Assim, por meio do princípio de razão suficiente podemos conhecer como e porque alguma coisa existe. A palavra *razão* pode-se tomar em dois sentidos, a saber: *primeiro*, no sentido "ontológico", isto é, como razão e fonte de uma coisa, *segundo*, no sentido "lógico", como aquilo que nos mostra porque e como tal coisa existe.

Por outro lado, o princípio de razão suficiente dá origem ao princípio de *causalidade*, mediante o qual se considera que "tudo que existe tem uma causa", ou melhor, que todo elemento que não é próprio de uma coisa foi recebido de outra que é sua causa.

Outros tantos princípios são conhecidos, a saber, (FERREIRA, 2004):

- *Princípio antrópico*, segundo o qual tudo quanto podemos observar no Universo deve depender estritamente das condições próprias da nossa existência e da nossa presença, como observadores no cosmo.

- *Princípio cosmológico*, segundo o qual o Universo é homogêneo e isotrópico, ou melhor, não existe nem local nem direção privilegiada, qualquer que seja a posição ocupada pelo observador.

- *Princípio da bivalência*, princípio da lógica clássica segundo o qual uma proposição ou é verdadeira ou é falsa (*princípio do terceiro excluído*).

- *Princípio da identidade dos indiscerníveis*. Conforme Leibniz é princípio segundo o qual dois seres reais diferem sempre por caracteres intrínsecos e não por suas posições no tempo e no espaço.

- *Princípio da realidade*, diz-se da substituição ou controle das exigências do princípio do prazer com o objetivo de adaptar o organismo às exigências da realidade, assegurando, consequentemente, a satisfação das suas necessidades.

- *Princípio de contradição*, princípio que afirma: "O que é não é o que não é". Em termos lógicos, a negação de uma proposição afirmativa verdadeira será falsa e vice-versa, pois o contrário do falso é o verdadeiro; princípio de não-contradição.

- *Princípio de finalidade*, diz-se que uma das relações fundamentais apreendidas pelo pensamento, e que consiste na atribuição de uma finalidade a tudo o que é, do que resulta a busca da compreensão do que é pelo que está para vir.

- *Princípio de identidade*, princípio que afirma: "O que é, é; o que não é, não é". Em termos lógicos, trata da relação entre a qualidade (afirmação ou negação) e o valor de verdade (verdadeira ou falsa) que define uma proposição como tal.

- *Princípio de individuação*, a essência própria a cada indivíduo, e graças à qual se pode dizer, de cada um deles, "Ei-lo": o singular, concreto, determinado no tempo e no espaço. Trata-se da unidade das características que diferencia uma coisa de outras assemelhadas.

- *Princípio de verificação*. No positivismo lógico é princípio que afirma que o significado de uma proposição é dado na sua verificação.

- *Princípio do prazer*. Tendência da atividade psíquica a buscar a satisfação e evitar o pesar, sem levar em conta a realidade.

- *Princípio do terceiro excluído*. Princípio segundo o qual uma proposição ou é afirmativa ou é negativa, não havendo meio-termo (*princípio da bivalência*).

Devido à importância atribuída a tais princípios os mesmos foram considerados como "verdades primeiras", afirmando-se que, sem eles, seria impossível raciocinar e mesmo pensar. Tais princípios passaram a nossos dias como "fundamentos dirigentes do conhecimento humano".

2.3 Critério de correção axiológica

A correção da verdade jurídica também nos convida a percorrer os caminhos da axiologia, vocábulo cujo significado etimológico é atribuído à palavra grega *axios* estima ou apreciação de alguma coisa ou conduta.

Podemos, assim, definir a axiologia como o campo suprapositivo representativo dos valores. É a dimensão da qual tiramos os indicadores que constituem a essência de nosso pensamento crítico.

2.3.1 Justificação, julgamentos e evidências axiológicas

O problema fundamental da axiologia jurídica é o conceito do justo, isto é, a ideia que nos permite avaliar e afirmar se uma conduta é boa e quando estamos fazendo a coisa certa (correta). Assim, como veremos, o ato ou conduta é jurídica se é contida na norma, isto é, se faz parte da hipótese normativa, mais é justo se se corresponde com um valor.

Assim, no centro da concepção axiológica se se situa a ideia do homem (a pessoa) como valor-fonte de todos os valores, sendo certo que determinados valores como a vida humana e, mais recentemente, o da ecologia, uma vez revelados à consciência humana, tornam-se invariante axiológicas, constantes e universais. (REALE, 2002, p. 2011-214)

Toda Filosofia e Teoria do Direito que se diga séria tem como problema tem a valoração dos atos e condutas como um problema basilar, necessariamente considerado em face da convivência social.

A Filosofia, "nos coloca profundas questões de existência. São questões existenciais de grande significado para o homem e que não podem ser resolvidas com mera lógica". (CAFFÉ ALVES, 2004, p. 86)

Assim, considerarmos que outro dos problemas da Filosofia histórica e moderna é a Axiologia e desta, concordando com Jacy de Souza Mendonça (1999, p. 144),

> A certeza, do valor positivo da vida, isto é, expressão do pensamento humano face ao valor da vida e do ser. Sob esse aspecto, toda Filosofia, desde os primórdios do mundo, foi ao menos implicitamente uma Axiologia, toda representação do ser foi uma apreciação do ser, toda Metafísica, por mais larvada e imperfeita, foi uma Ética, uma visão sobre a finalidade da vida, uma definição sobre o sentido e valor da existência humana, uma posição axiológica.

Mas, qual é o significado do valor como conceito jusfilosófico e axiológico? Para tentar responder a questão anterior partimos da análise do seguinte pensamento:

> Ao determinar os direitos das partes "O Juiz Hércules" leva em conta, a partir de um conceito de integridade, os valores da moral política que lhes ajudam a identificar os direitos, e não o contrário, não se volta para esses valores quando fixado os direitos. (DWORKIN, *apud*, GONZÁLEZ, 1999/2000, p. 57-66)

O valor, assim como explicamos nas obras recentemente publicadas (Filosofia do Direito, Curso de Filosofia Jurídica e Fundamentos da Bioética e do Biodireito) é um construto ideal que pode ser definido como um importante referente *não empírico*, porém *ideal* invocado pelo ser humano na orientação de seus atos. Neste sentido, os valores são as construções básicas dos juízos morais e das proposições jurídicas. São as construções primárias, por meio das quais idealizamos as normas, os princípios e as regras que sinalizam a "moral" vigorante, isto é, o marco indicativo da conduta. Poder-se-ia, com efeito, afirmar que os valores morais são indicativos que balizam a conduta humana: eles nos permitem afirmar o que deve ser considerado amoral, moral ou imoral.

Consequentemente, o conceito *valor* tem numerosas conotações e com base nele tem-se tecido inúmeras teorias. Ora, para além destas disputas gerais tais como: objetivismo *vs.* subjetivismo, universalismo *vs.* relativismo, axiologia formal *vs.* axiologia material, origem inconsciente *vs.* origem consciente, etc. a nação assume-se na forma intuitiva para designar preferências assumidas, muitas vezes com fundamentos teóricos, outras por meras crenças, cosmovisões, tradições – por um individuo ou por um grupo. Em geral todas as teorias coincidem na pluralidade de valores, sua polaridade (valor positivo, valor negativo ou contravalor) na sua interdependência e hierarquia, ainda marca a estruturação da pirâmide axiológica. (LÉRTORA, 2008, p. 37)

Verdadeiramente, como ensina Paulo Cesar da Silva (2009, p. 75-78) o termo *valor* expressa diversos significados:

> Diz-se valor *econômico*, referindo-se ao preço de algo, valor *ético*, quando se pensa na virtude, *ontológico*, referente à qualidade que funda a dignidade, a estima e o respeito. Pode-se afirmar, por outro lado, tendo-se em vista a questão antropológica, que o valor é tudo o que aperfeiçoa e realiza a pessoa humana. O valor designa um ser possuidor de dignidade, que merece respeito e estima. É fundamental distinguir o *valor* de *valores*. O valor é a dignidade de um ser e não a verdade ou a bondade dele. É insensatez perguntar se um gato é uma ave, se um celular é uma caneta. O valor, por isso, ativa, na pessoa, a consciência valorativa.
>
> (...)
>
> Ele não é uma criação nem invenção arbitrária do psiquismo humano. A pessoa humana não pode criar o valor como propriedade fundamental do ser. Ela pode criar objetos, não o seu valor. O artista produz a estátua, não o seu valor artístico. O pólo

> objetivo é a gênese da justiça, verdade, sabedoria, bondade, amor que estimulam, enriquecem e guiam a criatura humana. O ser comunica o seu valor ao ser humano e o faz realizar-se como pessoa, a qual *descobre* os valores e não os *cria*.

O professor Paulo Cesar (2009, p. 69-126), ainda, nos apresenta uma interessante tipologia de valores, a saber: *a) os valores fundamentais*, colocados em três universos distintos e, ao mesmo tempo, intimamente relacionados entre si. Eles são os valores ônticos, cósmicos e pessoais; *b) valores ônticos*, que abrangem tudo o que é e que pode ser:, refletem sobre o ser; *c) valores cósmicos*, sendo a natureza, entre os valores cósmicos, o principal: a constelação dos valores cósmicos se compõe dos animais, plantas, minérios, rios, ar, terra, oceanos, atmosfera, galáxias, astros, planetas; *d) valores pessoais*, a pessoa é o maior valor-síntese dos valores pessoais: corpo, psiquismo, espírito e se referem, entre outros, aos elementos da sexualidade, do sentimento, à inteligência, vontade livre, consciência, virtude, ao diálogo, sofrimento, amor, à coragem, transcendência, alegria, felicidade, ao tempo, história, política, cultura, ao homem e à mulher; *e) valores somáticos*, incluem a saúde, harmonia, força, beleza, estatura, higiene, alimentação, o repouso, a sobriedade, temperança, paixões, instintos, o prazer, jogo, esporte, trabalho, a limpeza, as vestes, o sofrimento, a dor, morte, esperança, alegria, memória, religião, sociedade, comunicação, profissão, vocação etc.; *f) valores psíquicos*, apresenta-se o psiquismo é o principal valor dentre os valores psíquicos: a afetividade, as emoções (*movere*) são os elementos característicos do psiquismo e têm recíproca relação com os dinamismos somáticos; *g) valores ônticos espirituais,* são manifestações desta concepção as expressões "estado de espírito", "espirituoso", "espiritual"; *h) valores noéticos*, que constituem tudo o que contribui para conhecer e promover a verdade, como o conhecimento, a ciência, a filosofia, a revelação, a fé, a idéia, o mito, o pensamento, a intuição, a percepção, o juízo, o raciocínio, a indução, a dedução, o método, a analogia, o conceito, a representação, a razão, a imaginação, a fantasia, a memória, a experiência, a verificação, a análise, a síntese, o problema, a solução, a tese, a interpretação, a certeza, a dúvida, a crítica, a leitura, o estudo, a teoria, a hipótese etc.; *i) valores culturais*, que se compõem da linguagem, da tradição, da palavra, do sinal, do símbolo, da escrita, do sentido, do significado, da inculturação, dos costumes, da civilização, da evolução, do progresso, da tecnologia, das escolas, dos livros, das editoras, dos jornais, de bibliotecas, da imprensa, arte, do cinema, da utopia, da ideologia, educação etc.; *j) valores estéticos*, que abrangem as artes, a admiração, o estilo, o sentimento, a fantasia, o lirismo, a criatividade, a inspiração, cor, simetria, harmonia, imagem etc.; *k) valores econômicos*, que abrangem o trabalho, a técnica, propriedade, o capital, os instrumentos, a agricultura, o comércio, dinheiro, as finanças, o patrão, o operário, sindicato, a greve, fábrica, as matérias-primas, a profissão, poupança, o banco, as férias etc.; *l) valores morais*, abarcam a liberdade, consciência, virtude, paixão, os direitos, deveres, a norma, inclinação, o instinto, costume, hábito, a prudência, justiça, fortaleza, temperança, confiança, sobriedade, coragem, coerência, sinceridade, solidariedade, o perdão, paciência, obediência, felicidade, amizade, o amor; *m) valores sociais*, constituem a constelação dos valores sociais a tribo, nação, pátria, o povo, Estado, governo, partido, os sindicatos, as associações culturais, religiosas, educacionais, a política, a democracia, o matrimônio, a solidariedade, autoridade, o direito, dever, a justiça, o respeito, a crítica, a independência, revolução, família, paz; *n) valores religiosos*, que abarcam a Deus, o sagrado, a divindade, revelação, religião, religiosidade, os ritos, a oração, os mitos, o culto, a santidade, oração, fé, esperança, o amor, as imagens sagradas, festas, os livros sagrados, lugares de culto, o milagre, os símbolos, santos, as pessoas consagradas, a adoração, o perdão, os livros sagrados, as festas, a graça, revelação, Igreja, vocação, missão, salvação etc.

Mas, como e porque os valores morais se fazem presentes na Bioética?

Uma coisa é a "ciência no direito" e outra é o "direito à ciência", isto é, o direito a fazer ciência sem observar a moral e o direito. A respeito dessa correlação a bioética, nesses seus poucos anos de história, passou por diversas transformações. Alguns autores seguiram a orientação inicial, dando um tratamento teórico mais apropriado ao projeto inicial de Potter. Por exemplo, Hans Jonas elaborou o famoso princípio da *responsabilidade*, cuja idéia básica é exatamente a de que devemos sobreviver e, para isso, devemos considerar as consequências futuras das nossas aplicações da ciência e da tecnologia. A responsabilidade se funda na seguinte premissa: "Age de tal modo que os efeitos de tua ação sejam compatíveis com a permanência da genuína vida humana". (DALL', 2005, p. 13)

Para compreender essa perspectiva importa significar os valores morais, sendo que a base de qualquer significação há de partir sempre de uma tipologia.

Nesse sentido, seria correto afirmar que a constelação dos valores morais abarca, entro outros, a liberdade, consciência, virtude, paixão, os direitos, deveres, a norma, inclinação, o instinto, costume, hábito, a prudência, justiça, fortaleza, temperança, confiança, sobriedade, coragem, coerência, sinceridade, solidariedade, o perdão, paciência, obediência, felicidade, amizade, o amor etc. (SILVA, 2009, p. 98)

2.3.2 Recursos de correção axiológica

Feitas as ressalvas, começaremos por diferenciar o valor moral do valor econômico. Não é demais, no entanto, considerar que "não se mede o valor de um homem pelas suas roupas ou pelos bens que possui, o verdadeiro valor do homem é o seu caráter, suas idéias e a nobreza dos seus ideais".[11]

À primeira vista, parece acertado dizer-se que o valor é um referente ideal, (objeto ideal) não empírico, que evocamos na resolução de um dilema. Os valores são recursos que, quando observados, podem vir a incidir na conduta humana. É absolutamente certo que todo homem age conforme a uma crença ou a uma orientação pautada por um determinado valor. Valores não podem ser vistos, não podem ser apalpados, porém *pensados*.

Nesse sentido, explica Paulo Cesar da Silva (2009, p. 79),

> O valor importa para a pessoa. Os valores absolutos, como a vida, verdade, liberdade, paz, justiça, o amor, são fundamentais para a realização do ser humano. Os valores relativos, como a máquina, o vestuário, alimento, a moradia são realidades instrumentais, tendo-se em vista os absolutos. A pessoa humana manifesta a atração ou a rejeição frente aos objetos da sua experiência. Os valores decidem a existência da pessoa a qual deve assumir sua autoconstrução contínua porque projeto aberto em direção à plenitude de auto-realização, em sua completude física, psíquica e espiritual. A sociedade implica no ser-pessoa junto com os outros. O projeto e a autoconstrução se processam conforme a própria individualidade e possibilidades da pessoa humana. Os valores, portanto, devem ser postos conforme a identidade e dignidade de cada pessoa humana. Os valores, ao mesmo tempo, importam para a sociedade. O grupo social pode ser fonte de valores como os artísticos, tecnológicos, políticos. Eles são vitalmente necessários à pessoa humana e à sociedade porque sustentam e desenvolvem a cultura. O eclipse dos valores resulta, inexoravelmente, na crise da cultura, da sociedade e da consciência do valor e dignidade do ser humano.

Logo, a convivência social se desenvolve numa intensa luta travada pelos valores e os desvalores (ou contravalores). Nesta luta os valores "se impõem aos indivíduos, muitas vezes contrariando frontalmente seus desejos". (REALE, 2002, p. 199-200)

Em suma, os valores são categorias primárias de orientação axiológica. Os valores são, então, transcendentais ou instancias categóricas por meio das quais existe um mundo de ações humanas que podemos entender e eventualmente criticar e modificar. Os valores são,

---

[11] Disponível em: <http://www.pensador.info/frase/MzI2MTk4/>. Acesso em: 23 jul. 2010.

pois, condições de possibilidade do objetivo, social e humano; por meio deles pode haver um entendimento social no sentido de diálogo, da compreensão e do acordo social, mas também incompreensão, desacordo e conflito. (ARPINI, 2008, p. 9-10)

Contudo, o processo de concretização de direitos comporta a um processo de edificação de valores, esta correlação, que hoje mais nos preocupa, trata da necessária instrução jurídico-moral de nossos jovens: crianças e adolescentes.

2.3.2.1 O valor como referencial axiológico

A verdade é que a moral é pautada por valores. Evidentemente, esses valores condicionam a "convivência social", valores humanos e universais que, de maneira voluntária ou involuntária, observamos.

Pois bem, discute-se se os valores são universais e socialmente realizáveis: se podem ou não ser difundidos evitando-se, assim, a supremacia dos contravalores numa sociedade que se sabe em crise. Eis o que nos autoriza a falar em universalização da moral, pensando a Filosofia moral como uma Ética Pública, uma Ética coletiva de todos e para todo ser humano. A tarefa é árdua, não é tão simples falar em universalização dos valores, contudo, qualquer esforço se justifica pelas suas consequências positivas: desenvolvimento socioeconômico, político e, em geral, a preservação do ser humano.

Com efeito, um dos problemas mais graves que afronta a conservação e salvaguarda dos valores culturais nas sociedades plurais e globalizadas é, por um lado, a coexistência de valorações opostas e, por outro, a dificuldade de decidir, em caso de necessidade, sobre o valor que será preterido em função de manter outro. Daí que as valorações feitas no mesmo contexto social entram em conflito. Por exemplo, pode haver confronto entre o valor liberdade e o valor segurança, pois para se alcançar maiores índices de segurança social é necessário o controle que, de algum modo limita ou obstaculiza a liberdade; então conflitam os interesses de quem preferem a liberdade e quem preferem a segurança. Igualmente, existem situações em que não é possível assegurar dois valores, pode haver dificuldades para convencionar uma ação determinada. (LÉRTORA, 2008, p. 39)

Este embate é possível, fato pelo qual o juízo de valor torna-se subjetivo, ainda mais quando sustentado numa crença, numa interpretação ou preferência política. Destarte, os valores morais são a base de todo e qualquer princípio: vida, responsabilidade, honestidade, honra, lealdade etc. são valores com base nos quais pautamos nossa integridade moral, construímos, interpretamos e aplicamos uma dada ordem normativa.

Eles valem para todos. Assim, por exemplo, a questão moral (*Que devo fazer?*) se coloca para todos, quaisquer que seja sua profissão e quer seja acionista ou empresário, médico ou advogado o mais rico e o mais pobre, ninguém escapa da moral. (COMTE-SPONVILLE, 2011, p. 15)

As indagações acerca do que deve ser considerado *bom* encontram sua resposta nos valores. Admitido isto, parece acertado dizer que os valores têm uma existência histórica e universal. Vejamos alguns deles: *a) honestidade; b) responsabilidade; c) respeito; d) compaixão; e) justiça; f) probidade; g) coragem; h) tolerância; i) lealdade; j) paz; k) honra; l) humildade; m) generosidade; n) harmonia social; o) obediência* etc. Outros grupos de valores históricos são considerados resultado das conquistas obtidas pelas revoluções e lutas de classes sociais, hodiernamente inspiradores dos regimes políticos e dos sistemas e ordem jurídicas, a saber: *p) igualdade; q) liberdade; r) fraternidade; s) solidariedade; t) dignidade* etc.

Vimos que, mesmo na sua existência, os valores entram em conflito, alguns se evocam como recursos contrários e conforme a interesses também em conflito. É por este motivo, que a maneira de conceber os valores se torna relativa.

Um juízo de valor envolve um julgamento, uma afirmação ou rejeição que se funda num interesse socialmente reconhecido, ex. *A* é socialmente "Bom", ou individualmente concebido: "mesmo assim, *A* não é bom para mim".

Por motivo de um juízo de valor qualificamos e indicamos que algo é conforme ou contrário a um valor: *A* é correto ou incorreto. Com base num *valor*, consideramos uma conduta correta, aceita ou incorreta, não aceita socialmente.

Dizemos que valores entram e conflito, é por esse motivo que importa uma hierarquização. Como confirma Paulo Cesar (SILVA, 2009, p. 79-80):

> Na realidade, constatam-se graus na ordem dos entes, o que resulta em graus na ordem do bem, da verdade, da beleza e do valor. A consciência valorativa manifesta limites e equívocos se não distingue os graus dos valores entre uma coisa, uma fruta e um animal e uma pessoa. Propõe-se o critério antropológico para a questão da hierarquia axiológica. A concepção integral do ser humano, na mão inversa dos reducionismos.

Observaremos, agora, alguns exemplos de valores em conflitos:

a) Liberdade *versus* Respeito (e obediência). A liberdade nos é concedida por lei. Eis um valor legítimo, mas que não justifica o desrespeito dos demais direitos. Somos livres, mas devemos obediência à moral e à lei. A liberdade autoriza e justifica as nossas ações desde que elas não firam, por exemplo, os interesses coletivos. Logo, o respeito é o contrapeso da liberdade.

b) Lucratividade *versus* Responsabilidade social. A idéia (objetivo) do lucro acaba muitas vezes por justificar ações irresponsáveis constatadas no mundo empresarial. Em princípio, caberia à sociedade a escolha dos serviços oferecidos pelas empresas que se sabem éticas e responsáveis. É com base nessa concepção de valores que podemos discutir os problemas da Bioética e do Biodireito. Os valores se realizam socialmente na medida em que os mesmos sejam considerados nas normas, nos princípios e nas regras que servem de instrumento a sua concretização.

Em poucas palavras diremos que é por meio das normas, dos princípios e das regras que procuramos a realização dos valores. Daí que existe uma correlação necessária entre tais conceitos. Vejamos.

2.3.2.2 O valor como critério de correção da conduta

Existe entre a conduta e os valores morais um vínculo inseparável. , razão pela qual podemos afirmar que a realidade jurídica não é eticamente neutra. Quanto às relações verificadas entre o valor e a conduta, vemos a realidade jurídica composta por elementos interconectados e ligados sob a idéia de uma funcionalidade. Assim, por exemplo, cada problema jurídico se funda nessa relação bidimensional. Todavia, para cada problema jurídico se reservam métodos concretos de abordagem e de resolução.

Os critérios axiológicos estão, de fato, ensamblados na conduta. Em efeito, a conduta sem valor, ontologicamente não pode ser; e não pode ser, porque o substrato dos valores é a liberdade. Os valores não são, assim, ideias platônicas, mas categorias materiais da existência humana. Nesse sentido, a justiça está assim ontologicamente ligada à conduta e ao Direito. Assim, a conduta humana em sua interferência intersubjetiva, permite penetrar no sentido axiológico do dado, indo desse substrato ao sentido e vice-versa, fica consumado o processo de compreensão jurídica. (RICO LARA, [s.d.], p. 125)

Neste sentido, afirmamos que uma conduta não é correta quando ela confronta e se choca com algum valor. Conduta são imorais, por exemplo, quando conflitam com a moral vigorante.

2.3.2.3 O valor como critério de correção normativa

O valor se faz presente nas normas sociais, servindo de recurso para idealização de princípios e regras. A norma não é justa, injusto é o agente que cria e aplica a norma. As normas não têm sentido sem princípios e regras. As regras se constroem com base nos princípios que, como vimos, envolvem valores.

Uma regra ou um conjunto delas se expressam em dispositivos legais. Desta forma, o que é proibido ou permitido se expressa nesses instrumentos. Hoje falamos em leis jurídicas e em códigos de ética: código de ética médica, códigos empresariais, código do advogado etc.

Toda sociedade se rege por regras conjunto de proposições prescritivas que orienta a conduta e que se funda um sistema de enunciados princípios. Digamos que a convivência humana se ordena por meio de regras: morais e jurídicas. Tais são recursos (construção linguística: proposições observáveis) por meio dos quais importamos para a ordem moral ou jurídico os *valores* que a justificam.

Eis que, conforme explica Miguel Reale (2002, p. 37),

> Cada homem é guiado em sua existência pelo primado de determinado valor, pela supremacia de um foco de estimativa que dá sentido à sua concepção da vida. Para

> uns, o belo confere significado a tudo quanto existe, de maneira que um poeta ou um escultor, por exemplo, possui uma concepção estética da existência, enquanto que um outro se subordina a uma concepção ética, e outros ainda são levados a viver segundo uma concepção utilitária e econômica à qual regidamente se subordinam. Segundo o prisma dos valores dominantes, a Axiologia se manifesta, pois, como Ética, Estética, Filosofia da Religião etc.

Assim, não há norma, princípio ou regra que não se funde em valores: elas contêm valores que orientam a prática jurídica. Então, de modo geral, princípios e regras são importantes recursos hermenêuticos que orientam a conduta humana.

O problema da *justiça*, ensina Norberto Bobbio (2001), é o problema da correspondência ou não da norma aos valores últimos ou finais que inspiram um determinado ordenamento jurídico, basta constatar que todo ordenamento jurídico persegue certos fins, estes fins representam os valores a cuja realização o legislador mais ou menos conscientemente (ou adequadamente), dirige a sua própria obra. A pergunta de se uma norma é *justa* ou *injusta* equivale a perguntar se é apta ou não a realizar esses valores (universais ou históricos que inspiram certo ordenamento jurídico). O problema se uma norma é justa ou não é um aspecto do contraste entre o *mundo ideal* e o *mundo real*, entre o que *deve ser* e o que *é*: norma justa é aquela que deve ser; norma injusta é aquela que não deveria ser. Por isso, o problema da justiça se denomina comumente de problema *deontológico* do direito.

A respeito da relação (e distinção) entre normas e valores, ensina Jürgen Habermas (1998, p. 74, 75, 78, 79, 94, 100, 269, 308, 328, 329) que uma norma só pode "apreender" uma situação complexa do mundo da vida em termos seletivos, isto é, na perspectiva da relevância que a própria norma se encarrega de fixar previamente. O estado de coisas constituído pela norma nunca esgota o vago conteúdo semântico de uma norma geral. É uma descrição evidentemente circular que assinala um problema metodológico que toda teoria do direito tem que esclarecer. Independentemente da relação circular existente entre as normas jurídicas e o estado de coisas, as valorações jurídicas parecem ser decisivas como variante de interpretação e referência aos fatos.

De acordo com o autor, *normas* e *valores* se distinguem, primeiro, pela referência que, respectivamente, fazem à ação "deontológica", ou seja, à ação sujeita a obrigações, e à ação teleológica; segundo, pela codificação, binária e gradual de sua pretensão de validade; terceiro, pelo tipo de caráter vinculante, absoluto no caso das normas, e relativo no caso dos valores; e, quarto, pelos critérios que satisfazem aos sistemas de normas, por um lado, e aos sistemas de valores, por outro. Isto porque as normas e os valores se distinguem nas suas propriedades lógicas e de aplicação. Assim, os princípios ou normas de ordem superior, por meio dos quais se podem justificar outras normas, têm um sentido deontológico. Já os valores têm um sentido teleológico.

Com efeito, as normas são pautas de ação que expressam valores, balizas definidas por uma coletividade qualquer para guiar o comportamento. Tais exigências tornam obrigatórias as condutas e operam como fatores de coesão social ou como regras de convivência visando à coexistência entre interesses contraditórios, são as denominadas normas sociais que, quando acatadas, de dizem eficazes (eficácia social). (FONSECA, *apud*, SROUR, 2000, p. 34)

Fazendo parte das normas sociais, as normas jurídicas, por exemplo, dispõem de sanções sobre o corpo ou as vontades dos agentes sociais. Correspondem a reclusões (privação de liberdade) ou a outras formas de intimidação, e são respaldadas pelo poder político ou pelo monopólio da violência que o Estado detém. Por via de consequência, sua eficácia repousa nos efeitos da *coação externa*. As demais normas, por sua vez, tais como as de *etiqueta*, as *religiosas*, as *estéticas* e as *morais*, têm caráter simbólico e implicam a aceitação "voluntária" dos agentes. Isso não quer dizer que estejam destituídas de sanção contra quem as desrespeitar. Apenas indica que as sanções não têm caráter físico, mas imaginário, cultural. Sua eficácia reside em boa parte (embora não exclusivamente) na *coação interna*, na dinâmica da consciência, de seus temores e fantasmas, nos padrões inculcados pelos agentes sociais. (SROUR, 2000, p. 34-35)

Na relação possível entre valores e normas pode-se afirmar que os sistemas de normas não são universais, eles dependem do sistema de valores histórico-cultural estabelecido num dado tempo e lugar. Logo, não existe um sistema de normas geral, abstrato e universal. Nesse sentido absurdo seria falar de estruturas, sistemas normativos e sociedades éticas ou antiéticas. Somente a ação humana individual é suscetível de valoração moral. O ambiente moral em que se vive é resultado das ações individuais. (ARRUDA, 2003, p. 23)

Mas, se bem o comportamento imoral é sempre individual, a ausência de valores morais é o pior dos males que pode fazer desmoronar e desqualificar uma dada sociedade.

Toda norma encerra uma regra de conduta, um dever ser que condiciona um agir. Assim sendo, a norma não se destina a explicar a realidade, mas a prescrever um comportamento.

Em síntese: o complexo de normas éticas, explica Nalini (2004, p. 28), se alicerça em valores, normalmente designados valores do bom. Assim, toda norma pressupõe uma valoração.

2.3.2.4 O valor como fundamento dos princípios jurídicos

Certamente, todo princípio há de conter uma idéia de valor. Logo, a construção de um princípio se faz a partir da observação de um valor ou de todo um sistema de valores. Eles contribuem para a realização do valor na sociedade.

Poder-se-ia, com efeito, considerar que os "princípios" são alicerces da moral e do Direito. Em verdade, existem princípios universais (Princípios Gerais), ou seja, válidos para todas as ciências e princípios próprios do Direito, da Ética, da Bioética etc. também chamados de princípios *monovalentes*: aqueles que são válidos apenas para um sistema determinado de indagação, isto é, válidos apenas para o campo do Direito e que se impõem por motivos peculiares ao mundo jurídico. (REALE, 2002)

Sem dúvida, os princípios são pressupostos do conhecimento e da prática humana. Os princípios são critérios ou fins que informam a Ética e também o Direito. Vejam-se, a seguir, alguns exemplos da correlação entre tais recursos:

Exemplo 1

a) Valor: Justiça.

b) Princípios: Constituição Federal, artigo 37: A administração pública direta e indireta de qualquer dos Poderes da União, dos Estados, do Distrito Federal e dos Municípios obedecerá aos princípios de legalidade, impessoalidade, moralidade, publicidade e eficiência e, também, ao seguinte (...)

Exemplo 2

a) Valor: Paz

b) Princípio: Constituição Federal, artigo 4º, VI e VII: A República Federativa do Brasil rege-se nas suas relações internacionais pelos seguintes princípios:

(...)

VI - defesa da paz;

VII - solução pacífica dos conflitos;

(...)

Exemplo 3

a) Valor: Dignidade

b) Princípio: Constituição Federal, artigo 1º, III: A República Federativa do Brasil formada pela união indissolúvel dos Estados e Municípios e do Distrito Federal; constituí-se em Estado Democrático de Direito e tem como fundamentos:

(...)

III - a dignidade da pessoa humana;

(...)

Exemplo 4

Valor: Liberdade

Princípio: Constituição Federal, artigo 1º, IV: A República Federativa do Brasil formada pela união indissolúvel dos Estados e Municípios e do Distrito Federal; constitui-se em Estado Democrático de Direito e tem como fundamentos:

(...)

IV - os valores sociais do trabalho e da livre iniciativa;

(...)

Em suma, "na hipótese, pressupõe-se sempre uma análise tópico-sistemática, calcada nas circunstâncias especificas do caso concreto, devendo ser tratada de forma similar às hipóteses de colisão entre direitos fundamentais de diversos titulares, isto é, buscando-se uma solução norteada pela ponderação dos valores em pauta, almejando obter um equilíbrio e concordância prática, caracterizada, em última análise, pelo não-sacrifício completo de um dos direitos fundamentais, bem como pela preservação, na medida do possível, da essência de cada um". (SARLET, 2003, p. 361)

Certamente, o direito, ora compreendido no âmbito da atitude referida ao "valor" teria o conflito entre valores éticos como seu problema principal e basilar. O direito resultaria do conflito entre valor e desvalor: vida *versus* morte, respeito *versus* desrespeito, justiça *versus* injustiça, dignidade *versus* indignidade etc.

Contudo, a defesa desses valores éticos seria condição necessária para a convivência humana. A concepção em estudo reconhece como premissa fundamental, a existência de um direito superior e anterior ao direito positivo. Mesmo partindo do fato de que existe um direito escrito e criado pelo homem há de se admitir a preexistência de um Direito natural que incide na convivência humana.

Diz-se, assim, de um enfoque Metafísico por meio do qual o Direito seria "tudo que a ele diz respeito, corresponde a uma esfera suprassensível". (OLIVECRONA, 2005, p. 18), isto é, um Direito situado acima dos fatos da vida real. Por tanto, a definição do Direito há de se referir a um poder místico que pode se fazer valer, em caso de necessidade, por meio do aparato do direito.

Conforme ensina Gustav Radbruch (2010, p. 10-11, 47-48) o Direito é uma obra humana e como tal deve ser compreendido. O direito é uma manifestação cultural, isto é, um fato relacionado a um valor. O conceito do direito não pode ser determinado de modo diferente: não pode existir um direito que não seja justo. O direito pode ser injusto, mas só é direito por ter o sentido de ser justo.

Para os defensores desta orientação o conceito do Direito há de envolver uma realidade referida a valores, uma realidade cujo sentido é estar a serviço de valores. *O direito é a realidade que tem o sentido de servir ao valor jurídico, à ideia do direito.* A ideia do direito não pode ser outra senão a justiça.

Observa-se que, quando se coloca o problema dos fins do direito, não se pergunta sobre as finalidades empíricas que o possam ter gerado, mas sobre a idéia da finalidade, supra-empírica, segundo a qual o direito deve ser medido. (RADBRUCH, 2010, p. 78)

O fundamento dos problemas supranormativo ou suprapositivo do Direito se apoia na ideia da existência de um Direito natural anterior ou preexistente ao direito positivo. Torna-se primária, assim, a doutrina do direito justo: um direito racional, doutrina defendida pelo jusnaturalismo histórico.

A concepção ético-valorativa do Direito propõe, assim, um "método" por meio do qual é possível a correção de cada juízo de valor somente em ralação a outro juízo de valor determinado e "superior", apenas no quadro de uma concepção determinada de mundo e de valor. O método, porém, pertence à razão teórica e não à razão prática. Ele significa a renuncia à fundamentação científica das atitudes últimas, e não a renúncia à própria tomada de posição. (RADBRUCH, 2010, p. 20-22)

Podemos afirmar que o jusnaturalismo defende duas teses, a saber: *primeira*, o Direito depende da moral (isto é, que "a existência do Direito depende da sua adequação à moralidade") e; *segunda*, a correção das decisões judiciais depende de que seu conteúdo satisfaça os critérios de correção moral. (MORESO, 2004, p. 45-62)

Certamente, o jusnaturalismo histórico, e também o moderno, colocariam certos direitos acima da possibilidade de qualquer refutação, derivando-os diretamente da natureza do homem. Mas, a natureza do homem revelou-se muito frágil como fundamento absoluto de direitos irresistível, ou como fundamento absoluto do direito. (BOBBIO, 2004, p. 16)

Não deixa de ser importante considerar que o fundamento absoluto do Direito natural torna-se utópico ou quimérico, pois as leis morais, mesmo consideradas obrigatórias, nem sempre são observadas (obedecidas) socialmente, do que deriva a necessidade de uma norma jurídica com sanção evidente, assim, como proposta pelo positivismo jurídico.

Resumindo: os problemas ético-valorativos do Direito têm como fundamento a existência de um direito superior, supranormativismo, universal, permanente, imutável e perfeito.

Assim, filosofar implica perguntar e responder, afirmar e valorar. Nesse sentido "toda especulação filosófica é necessariamente crítica", pois criticar implica valorar, apreciar algo sob prisma de valor, chegaremos a conclusão de que, nesse sentido especial ou a essa luz, a Filosofia é Axiologia. (REALE, 2002, p. 37)

A Axiologia pressupõe, porém, problemas concernentes à essência de algo. O problema do valor é o centro de todo pensamento crítico.

Contudo, todo argumento axiológico, em verdade, parte sempre da necessidade de tentar responder a estes problemas: qual o significado do valor como conceito ideal?; existe um valor primário?; qual é o lugar que o ocupam os valores num determinado contexto ou sociedade?; qual é o significado da Vida?; quando podemos saber se uma atitude é justa ou correta?; o que é fazer a coisa certa? etc.

Certamente, o ser humano não apreende a realidade apenas pela sua aparência física, isto é, como objeto valioso (valor econômico), mas também como objeto de estima (valor ideal: moral). Não se pensa unicamente na coisa em si como objeto real (*res*), mas também a partir de conceitos não empíricos, atitude que nos permite afirmar o que é bom ou mau, justo ou injusto, correto ou incorreto e, finalmente, útil ou inútil.

Nesse sentido, ensina, a Axiologia é um termo novo reservado para velhos temas, para uma tomada de consciência acerca do espírito filosófico contemporâneo. (MENDONÇA, 1999, p. 144)

As ciências, no plano empírico/positivo operam e se desenvolvem a partir de certos pressupostos (métodos e leis) conhecidos e mais ou menos convencionados pelos cientistas. Porém, no plano axiológico, existem certas condições e leis que os cientistas não podem explicar.

Assim, por exemplo, no plano empírico/positivo, podemos verificar se uma conduta, fato ou relação é jurídica, por estar ou não de acordo com a lei, ou se uma lei se subordina hierarquicamente a outra (critério de validade), mas não podemos afirmar nem demonstrar empiricamente que seja justa, conforme a um critério universal e unívoco de justiça, pois inexiste, nesse plano, um referente mediante o qual se pode reconhecer em geral o justo e o injusto. É, por esse motivo, que para afirmar a justiça devemos passar do plano empírico/positivo para o plano axiológico.

CAPÍTULO 3
RACIOCÍNIO E ARGUMENTAÇÃO JURÍDICA

A prática jurídica consiste em argumentar. Assim, a construção de argumentos é um exercício constante e necessário para pode acusar, representar, decidir ou fundamentar decisões, razão pela qual se afirma que "a qualidade que melhor define o que se entende por um 'bom jurista' talvez seja a sua capacidade de construir argumentos e manejá-los como habilidade". (ATIENZA, 2002, p. 11-17)

Também é de Dworkin (2014, p. 17) a ideia de que "ao contrário de muitos outros fenômenos sociais, a prática do direito é argumentativa. Todos os envolvidos nessa prática compreendem que aquilo que ela permite ou exige, depende da verdade de certas proposições que só adquirem sentido através e no âmbito dela mesma; a prática consiste, em grande parte, em mobilizar e discutir essas proposições".

Não há argumentação sem raciocínio. Assim como a argumentação, o raciocínio é considerado processo indispensável da prática jurídica. No presente capítulo apresentamos os fundamentos desses processos que visam justificar as decisões em face da verdade e da justiça social. Discutem-se, assim, os conceitos e recursos do raciocínio jurídico e examina-se o valor e a oportunidade dos procedimentos utilizados pelo juiz para cumprir sua missão: julgar e motivar suas decisões.

3.1 Raciocínio

O "raciocínio", assim como comumente é concebido, é um produto da atividade intelectual, processo que pode ser compreendido e enriquecido, a partir da análise e caracterização e valor das premissas (determinação do *estatuto* e da *validade* das proposições usadas), do estudo do modo como é formulado (compreensão dos *métodos*) e da justificação das conclusões em conformidade a certas *regras* ou a certos *esquemas* (silogismos) geralmente conhecidos. Trata-se de um exame que pertence a uma disciplina que chamamos tradicionalmente de “lógica” que, conforme A. W. Moore (MOORE, 2002, p. 139) se ocupa do raciocínio, isto é, da distinção entre raciocínio bom e ruim. Para Moore,

> Um dos seus objetivos é formular critérios completamente gerais para essa distinção. Trata-se em grande parte de uma questão de definir as condições sob as quais um argumento é válido. Trata-se de dizer também o que é a validade. Esta última é a prerrogativa da filosofia da lógica. A filosofia da lógica é o núcleo filosófico da lógica, no qual a essência do restante da disciplina é examinada. Dado que boa parte de nosso raciocínio, se não todo, é inapelavelmente verbal, grande parte da filosofia da lógica se ocupa de questões sobre a linguagem.

Assim, a matéria que aqui apresentamos pode ser definida como o estudo do raciocínio humano: jurídico e judicial que visa a determinar os processos intelectuais que condicionam o conhecimento e da resolução dos problemas jurídicos quer teóricos quer práticos, tendo como objeto o conjunto de processos, métodos, regras e princípios que orientam implícita ou explicitamente, o desenvolvimento de uma argumentação ou de um raciocínio comum e jurídico: judicial.

Dizemos então que raciocinar é fazer uso da razão para conhecer, para interpretar e julgar uma relação entre coisas; fazer raciocínios: cálculos, isto é, formar um raciocínio; deduzir razões; discorrer, pensar, refletir, considerar. Assim, todo raciocino diz do encadeamento de juízos ou de pensamentos, isto é, dos processos discursivos pelos quais passamos de proposições conhecidas ou assumidas (premissas) a outras proposições (a conclusão) à qual são atribuídos graus diversos de assentimento; argumento. Fala-se, assim, da *dedução*, da *demonstração*, da *inferência* e da conclusão, por meio do *silogismo*. (FERREIRA, 2004, p. 1688)

Pré-conhecimento e conhecimento são fontes que invocamos ao formular um raciocínio. Eis que, quando raciocinamos invocamos um conhecimento anterior (um pré-conhecimento): uma experiência, um princípio, uma regra, a definição de um conceito, uma teoria etc. (SERRANO, 2007, p. 37 - 60). Daí a importância do raciocínio jurídico radica em aproximar a teoria da prática, colocando em função a doutrina, os juízos de valor e as normas na solução dos conflitos.

A análise dos raciocínios explicitamente formulados em determinada língua foi empreendida, de modo sistemático, pelo *Organon* de Aristóteles, que distingue os raciocínios analíticos dos raciocínios dialéticos. Os raciocínios analíticos são aqueles que, partindo de premissas necessárias, ou pelo menos indiscutivelmente verdadeiras, redundam, graças a inferências válidas, em conclusões igualmente necessárias ou válidas. Os raciocínios analíticos transferem à conclusão a necessidade e a verdade das premissas: é impossível que a conclusão seja falsa, se o raciocínio foi feito corretamente, a partir de premissas corretas. Os raciocínios dialéticos que Aristóteles examinou nos *Tópicos*, na *Retórica e nas Refutações sofísticas*, se referem, não às demonstrações científicas, mas às deliberações e às controvérsias. Dizem respeito aos meios de persuadir e de convencer pelo discurso, de criticar as teses do adversário, de defender e justificar as suas próprias, valendo-se de argumentos mais ou menos fortes. (PERELMAN, 2004, p. 1-2)

3.2 Raciocínio jurídico

O raciocínio jurídico pode ser definido como uma forma específica do raciocínio. Para o senso comum este tipo de raciocínio se dá por meio de processos, muitas vezes desenvolvidos com base no relacionamento de proposições, chamadas *premissas*, delas, por inferência, se tira uma terceira, chamada *conclusão*, e para o qual, até faz pouco tempo, exigia-se a razão de validade dedutiva: todas as premissas deveriam ser verdadeiras.

A partir desse modelo e, desde a instauração, em 1790, da obrigação de motivar as decisões judiciais, na motivação dos tribunais albergaram-se os melhores exemplos de lógica jurídica, orientada pela ideologia que guiaria a atividade dos juízes, pela forma como eles concebem seu papel e sua missão, pela concepção deles do direito e pelas suas relações como o poder legislativo. Distinguem-se, a este respeito, três grandes períodos, o da *escola da exegese*, que termina por vota de 1880, o segundo o da *escola funcional e sociológica*, que vai até 1945, e o terceiro, que, influenciado pelos excessos do regime nacional-socialista e pelo processo de Nurenberg, se caracteriza por uma *concepção tópica do raciocínio judiciário*. (PERELMAN, 2004, p.29)

Esses três momentos ou períodos se definem pelas exigências que a própria evolução social, moral e tecnológica impôs ao pensamento jurídico. Tais exigências fizeram com que o pensamento lógico cedesse espaço ao pensamento axiológico e, operando assim, junto às (V_1 e V_2), as verdades de tipo V_3.

A abordagem exegética (Escola da Exegese), por exemplo, fundada na doutrina da separação dos poderes sustentaria que há um poder, o poder legislativo, que determina o direito que de reger certa sociedade. Assim sendo, o direito seria a expressão da vontade do povo, tal como ela se manifesta nas decisões do poder legislativo. Por outro lado, o poder judiciário diz o direito, mas não o elabora. Segundo esta concepção, o juiz limita-se a aplicar o direito que lhe é dado. Essa concepção conduz a uma visão legalista; a passividade do juiz satisfaz nossa necessidade de segurança jurídica. O direito é um dado que deve poder ser conhecido por todos do mesmo modo. Essa visão do direito conduz também a uma aproximação do direito com as ciências. Os juristas da escola da exegese fundamentaram seus trabalhos na idéia de um direito completo e perfeito, "procurando limitar o papel do juiz ao estabelecimento dos fatos e à sua subsunção sob os termos da lei". (PERELMAN, 2004, p. 32, 35)

Como consequência das limitações e insuficiências do método (escola) exegético surge uma orientação mais funcional ou sociológica, "era necessário encontrar técnicas mediante as quais o juiz pudesse completar as lacunas da lei, admitindo um princípio geral de liberdade, tal como "o que não é proibido é permitido", "em caso de dúvida, a favor do réu" e outras regras da mesma espécie ou, eventualmente, recorrendo a um raciocínio *a pari* ou *a contrario*, por analogia ou por antítese, que guiara suficientemente o juiz, mesmo diante do que parecesse ser, à primeira vista, um exemplo do silêncio da lei. (PERELMAN, 2004, p.70)

Já, na segunda metade do século XIX, sob influência da escola histórica de Savigny, surgem as concepções teleológica, funcional e sociológica do direito que colocam em crise a ideia de um sistema jurídico fechado (agora considerado letra morta). O Direito não seria mais visto como uma prévia formalização normativa estabelecida por uma autoridade, mas como uma consequência da atitude realista, um direito (vivo) é aquele que entra em contato com a realidade. Nascem, assim, duas subcorrentes importantes do pensamento jurídico: a) a jurisprudência dos interesses e; b) o realismo jurídico que se orientam pela necessidade de colocar o direito a serviço da sociedade, da comunidade ou grupo humano.

Segundo essa concepção, o direito não constitui um sistema mais ou menos fechado, que os juízes devem aplicar utilizando os métodos dedutivos, a partir de textos convenientemente interpretados. É um meio do qual se serve o legislador para atingir seus fins, para promover certos valores. Mas, como ele não pode contentar-se com enunciar tais fins, assinalar tais valores, pois esse modo de proceder introduziria no direito uma indefinição e uma insegurança inadmissível, deve formular com certa precisão regras de conduta que indicam o que é obrigatório, permitido ou proibido, par atingir esses fins e realizar esses valores. Consequentemente, o juiz já não pode contentar-se como uma simples dedução a partir dos textos legais; deve remontar do texto à intenção que guiou sua redação, à vontade do legislador, e interpretar o texto em conformidade com essa vontade. Pois o que conta, acima de tudo, é o fim perseguido, mais o espírito do que a letra da lei. (PERELMAN, 2004, p.71)

A concepção funcional considera o direito como um meio para alcançar um fim almejado pelo legislador. O direito positivo, seria, assim, um instrumento que visa a subordinar a conduta humana à orientação (prescrição) jurídica. Isto invalida a concepção jurídica que se pauta por um sistema de direito fechado: técnico e formalista, cuja finalidade seria impor uma organização social. Um direito de fonte dogmática que prima pelo conceito de validade normativa: pela utilidade, completude e certeza jurídica. Esta segunda orientação (escola) propõe-se em abandonar a idéia de que o direito é regra ou lei escrita.

Com base nessa orientação sociológica, procuram-se as condições de aplicação do direto na realidade social. Coloca-se em destaque o papel do juiz na interpretação e na criação do direito. O juiz seria um pensador-adjunto e coadjuvante do legislador que oferece uma solução conforme o espírito e a finalidade da lei. Os tribunais decidem, com base numa certa flexibilidade (discricionariedade), pois a lei não prevê soluções claras para todos os casos. O juiz deve obediência à lei ("obediência inteligente"), levando em consideração a situação social no momento da decisão.

Com essa nova visão das relações entre o legislativo e o judiciário, vai de par uma concepção renovada do raciocínio jurídico, especialmente judiciário, que parece impor-se no Ocidente, na segunda metade do século XX. (PERELMAN, 2004, p. 89)

Ao se designar a vontade do legislador é pura ficção. Um novo problema surgiria.

O juiz, por conta de sua discricionariedade, se inspira, algumas vezes, não no espírito da lei, mas no espírito do direito. Assim, decide conforme a um critério livre de valores. Portanto, juízes motivam amplamente a suas decisões, invocando um conceito de justiça e de oportunidade da lei. Na maior das vezes, juízes afirmam, por exemplo, que não aplicam a lei da guarda compartilhada por supor que sua aplicação irá gerar novos problemas quando os pais manifestam estarem em conflito acerca da guarda e cuidado do menor.

Há casos, em que os tribunais, apelando para o legislador, recusam-se a inovar; mas há outros em que não hesitam em fazê-lo. O mais das vezes o juiz distingue nitidamente entre a legislação em vigor (*de lege lata*) e a legislação desejável (*de lege farenda*) e não se arroga os poderes do legislador. Entretanto, quando a situação jurídica se torna insuportável, se não impossível, acontece-lhe, para remediá-la, recorrer a mecanismos especificamente jurídicos, tais como o recurso às presunções jurisprudenciais irrefragáveis e até, em casos extremos, à ficção. (PERELMAN, 2004, p.83)

Após 1945, como consequência das atrocidades cometidas na Segunda Grande Guerra e das amargas justificativas, maiormente fundadas na lógica da obediência militar, no pensamento jurídico começaria se tornar prevalecente a *concepção tópica do raciocínio judiciário*, como forma de reagir contra as duas formas de positivismo jurídico: a primeira, herança da escola da exegese e da concepção analítica e dedutiva do direito e, a segunda, aquele que nasce com a escola funcional ou sociológica, que interpreta os textos legais, mais ou menos em consonância com a vontade do legislador. (PERELMAN, 2004, p. 91)

Assim, as orientações fundadas no positivismo jurídico excludente e opostas aos valores morais seriam colocadas em crise.

Assim, notadamente antiformalista e contrária às posturas dogmáticas o direito começaria a ser concebido como um sistema dinâmico, cujo único limite seria a justiça.

O pensamento jurídico se volta para a concepção de Aristotélica, por meio da qual se reconhece que, ao lado das *leis especiais*, escritas, existiria um *direito geral* (comum) constituído por "todos esses princípios não escritos que se supõem ser reconhecidos em toda parte". Diz-se, assim, dos princípios gerais do direito, que são aplicáveis mesmo na ausência de um texto, que não são uma criação jurisprudencial e não poderiam ser confundidos com simples considerações de equidade. Não são, tampouco, regras consuetudinárias: o juiz, aplicando-os por terem valor de direito positivo: sua autoridade e sua força não se reportam a uma fonte escrita; eles existem independentemente da forma que lhes dá o texto quando a eles se refere; o juiz os declara; constata-lhes a existência. (Retórica *apud* PERELMAN, 2004, p.103)

O direito, nesses moldes, não seria mais assimilado a um sistema dedutivo, mas encarado como um meio para alcançar uma meta do legislador. O estudo das prescrições legais, de sua eficácia e de sua evolução, começaria a ser desenvolvido com base numa nova orientação zetética: com métodos tradicionais das ciências sociais, das investigações ou pesquisas científicas. Contudo, as concepções teleológicas e funcionais do direito após Von Ihering, Saleilles e Gény, que na Alemanha e na França anunciam o fim da escola da exegese, foram desenvolvidas, paralelamente à sociologia jurídica. (PERELMAN, 2004, p. 93-94)

Tornou-se evidente uma crescente importância atribuída aos princípios gerais do direito, no direito continental do pós-guerra, manifesta-se não apenas no número cada vez mais considerável de publicações consagradas a esta matéria, mas também na mudança de atitude das Cortes de Cassação, mesmo as mais conservadoras e mais respeitosas da vontade do legislador. Os princípios gerais do direito se formam independentemente do juiz, mas, uma vez formados, impoem-se a ele. O juiz é obrigado a garantir-lhes o respeito. (PERELMAN, 2004, p.104, 117)

Esses princípios gerais, chamados também de aforismos, brocardos ou máximas contem um fundamento moral evidente. Assim, podemos afirmar que por trás da sua roupagem existem valores.

Seriam, assim, consideradas as balizas das verdades jurídicas: as mais antigas figuras no *Corpus Júris*. Frases concisas, sínteses breves resultantes da experiência e da tradição, cujo crédito se deve à sua antiguidade: frases brilhantes, concisas e convincentes, geralmente em latim, consideradas verdade de ordem geral, que não levam em conta as exceções e ignoram a evolução do direito (parecem constantes, perpétuas). Essas máximas fornecem argumentos que a nova metodologia, que busca conciliar a fidelidade ao sistema com o caráter sensato e aceitável da decisão, não pode desprezar. Essa metodologia contribuiu para por novamente em moda os Tópicos jurídicos, caídos no esquecimento, mas que, até os meados do século XVIII, designavam as obras consagradas ao raciocínio específico dos juristas. A importância dos lugares específicos do direito, isto é, dos tópicos jurídicos, consiste em fornecer razões que permitem afastar soluções não equitativas ou desarrazoadas, dando o alcance real ao raciocínio jurídico que não quer limitar-se à citação de textos. Para alguns juristas tais recursos são princípios gerais do direito, outros indicam *valores fundamentais* que o direito protege e põe em prática. (PERELMAN, 2004, p. 119, 120-121)

Modernamente, esses valores, na forma de princípios já fazem parte do sistema jurídico. Só para citar alguns exemplos: boa-fé, dignidade, transparência etc. Tratam-se de verdadeiras bases para os argumentos.

O recurso aos tópicos jurídicos não se opõe nem um pouco à idéia de um sistema de direito, mas, antes, à aplicação rígida e irrefletida das regras de direito. Permite, ao contrário, o desenvolvimento de argumentos jurídicos, de controvérsias, em que, tendo sido evocados todos os pontos de vista, poderá ser tomada uma decisão ponderada e satisfatória. Como a segurança jurídica é um dos valores centrais no direito, que contribui para o respeito das regras de direito, dos precedentes, dos costumes e hábitos sociais, os partidários dos tópicos jamais podem perder de vista os inconvenientes da incerteza em matéria de direito. Graças aos tópicos jurídicos, o juiz começou a dispor de maior liberdade (discricionariedade) na interpretação dos textos legais, tornados mais flexíveis, essa liberdade guiaria o raciocínio jurídico e aumentariam os recursos intelectuais de que o juiz dispõe na busca de uma solução razoável, aceitável e equitativa. Assim, o juiz, em vez de opor o direito à razão e à justiça, se empenhará em conciliá-los. (PERELMAN, 2004, p.130-131)

Mas, esta forma de pensar o direito não deixaria de sofrer críticas.

A principal delas, feita aos partidários dos tópicos jurídicos pelos adeptos de uma concepção mais dogmática e mais sistemática do direito é a imprecisão destes lugares e o fato de, num litígio, ser raro ambas as partes não poderem invocar um ou outro lugar em seu favor. Mas a refutação fundamental, do ponto de vista dogmático, resulta da constatação de que nenhuma regra de direito, assim como nenhum valor é absoluto, e que sempre haverá situações em que uma regra, seja ela qual for, deverá ser limitada, e em que um valor, qualquer que seja sua importância, deverá ceder diante de considerações preponderantes na ocorrência. (PERELMAN, 2004, p.130)

Pareceria que, por exemplo, a liberdade exige limites ou que a autonomia da vontade se subordina à moralidade. Ex. a Lei Seca: ainda que a lei garante a liberdade [...] a autonomia e a não produção de prova em contra, tais princípios deverá ceder perante a vida (o perigo que acarreta dirigir embriagado).

Assim, é que, ainda que a liberdade de expressão seja considerada um valor prioritário na constituição americana, nem por isso se admite que se possa permitir seu exercício quando constitui um perigo indubitável e iminente. Quem grita: "fogo" em um teatro repleto, e isso a fim de provocar pânico, não pode invocar seu direito à liberdade de expressão para subtrair-se aos processos judiciais. (PERELMAN, 2004, p.130)

É impossível identificar o direito com a lei, pois há princípios que, mesmo não sendo objeto de uma legislação expressa, impõem-se a todos aqueles para quem o direito é a expressão não só da vontade do legislador, mas dos valores que este tem por missão promover, dentre os quais figura em primeiro lugar a justiça. (PERELMAN, 2004, p.95)

Essa concepção se aproxima do direito natural e da jurisprudência universal que dominou os séculos XVII e XVIII na medida em que rejeita a concepção positivista, legalista e estatizante do direito, expressão da vontade arbitrária de um poder soberano, que nenhuma norma limita e não é submetido a nenhum valor. Mas dele se separa, na medida em que o direito natural racionalista acreditava em poder formular princípios unívocos de alcance universal. (PERELMAN, 2004, p.96)

A conformidade exterior às leis não esgota a obra da justiça. E ele acrescenta que um princípio geral de direito tem uma existência autônoma como fonte do direito; o juiz só tem um papel declarativo, revela-o, interpreta-o e aplica-o. (PERELMAN, 2004, p.110)

Uma lei sempre é feita apenas para um período ou um regime determinado. Adapta-se às circunstâncias que a motivaram e não pode ir além. Ela só se concebe em função de sua necessidade ou da sua utilidade; assim, uma boa lei não deve ser intangível pois vale apenas para o tempo que quis essencialmente prática, aplica-se apenas a situações essencialmente concretas. Ora, há fato que a sabedoria humana não pode prever, situações que não pode levar em consideração e nas quais, tornando-se inaplicável a norma, é necessário, de um modo ou de outro, afastando-se o menos possível das prescrições legais, fazer frente às brutais necessidades do momento. (PERELMAN, 2004, p.116)

Conclusão: Seja qual for a técnica de raciocínio utilizada em direito, este não pode desinteressar-se da reação das consciências diante a iniquidade do resultado ao qual tal raciocínio conduziria. Pelo contrário, o esforço dos juristas, em todos os níveis e em toda a história do direito, procurou conciliar a técnica do raciocínio jurídico com a justiça ou, ao menos, a aceitabilidade social da decisão. Esta preocupação basta para salientar a insuficiência, no direito, de um raciocínio puramente formal que se contentaria em controlar a correção das inferências, sem fazer um juízo sobre o valor da conclusão. Quando o resultado é inadmissível, por esta ou aquela razão, é que o jurista é levado a introduzir uma distinção, que talvez tivesse omitido ao estabelecer as premissas de seu raciocínio, e a passar da argumentação *a simili* à argumentação *a contrario*. (PERELMAN, 2004, p.13)

As observações precedentes bastam para nos fazer compreender como a busca da equidade podia introduzir ao raciocínio jurídico elementos de incerteza, dificilmente aceitáveis por espíritos mais afeitos ao raciocínio científico, especialmente pelos lógicos. (PERELMAN, 2004, p.13)

Mas, diante das controvérsias suscitadas pelas divergências entre juristas e moralistas sobre a solução de problemas de direito e de moral, preferiu-se ver na prudência uma ciência, a ciência do bem e do mal, que fundamenta o juízo moral na intenção que dá origem à ação. Pretendia-se que, uma vez encontrada uma definição das virtudes, especialmente da justiça, bastaria aplicar a definição a cada caso particular para tirar, por simples dedução, a conclusão que se impunha. (PERELMAN, 2004, p.14)

O estudo dos fundamentos do raciocínio jurídico se justifica perante a falta de univocidade do conhecimento e da prática jurídica (conhecimento não unívoco): diversidade de tórias, posturas, escolas, conceitos, definições diferentes e muitas vezes divergentes. O conhecimento e uso de métodos não unívocos obrigam o jurista a buscar mecanismos que permita justificar logicamente as decisões e conclusões jurídicas.

O raciocínio jurídico se distingue do raciocínio que caracteriza as ciências, especialmente as ciências dedutivas nas quais é mais fácil chegar a um acordo sobre as técnicas de calculo e de mediação, e daquele que encontramos em filosofia e nas ciências humanas, nas quais, na falta e um acordo e na ausência de um juiz capaz de encerrar os debates com sua sentença, cada um permanece em suas posições. Por ser quase sempre controvertido, o raciocínio jurídico, ao contrário do raciocínio dedutivo puramente formal, só muito raramente poderá ser considerado *correto* ou *incorreto*, de um modo, por assim dizer, impessoal. (PERELMAN, 2004, p.8)

Eis que, no Direito, na moral etc. os argumentos que se articulam partem muitas vezes de, e chegam a, normas; isto é, empregam um tipo de enunciados em ralação aos quais não parece que tenha sentido falar de verdade ou falsidade. Em consequência, surge o problema de se a lógica se aplica ou não às normas. Por exemplo, Kelsen, sobretudo em sua obra póstuma, *La teoría general de las normas* (1979), sustentou enfaticamente que a inferência silogística não funciona com relação às normas. As regras da lógica se aplicam ao silogismo teórico que se baseia num ato de pensamento, mas não ao silogismo prático ou normativo (o silogismo em que pelo menos uma das premissas e a conclusão são normas), que se baseia num ato de vontade (uma norma). (ATIENZA, 2002, p. 35)

De acordo com Ross, uma inferência prática como:

① Você deve manter as suas promessas.

② Essa é uma das suas promessas.

Logo, você deve manter essa promessa.

Assim, as afirmações ou premissas no caso anterior, carecem de validade lógica. Não é logicamente necessário que um sujeito que estabelece uma regra geral deva também estabelecer a aplicação particular dessa regra. Que isso se verifique ou não depende de fatos psicológicos. Não é raro, acrescenta Ross, que um sujeito formule uma regra geral, mas evite a sua aplicação quando se vê afetado. (ATIENZA, 2002, p. 36)

A respeito disso se fala de uma lógica deôntica como lógica para as normas, lógica normativa. Assim, é possível trabalhar com a lógica quando temos como objeto proposições prescritivas.

Decerto, na argumentação jurídica pode ter aspectos normativos, valorativos e fáticos. É possível o estabelecimento de uma premissa fática como premissa menor do silogismo judicial, junto a uma premissa normativa maior. A respeito desta possibilidade Atienza (2002, p. 47) destaca o seguinte exemplo.

Numa sentença de 17 de outubro de 1985 (137/1985) o Tribunal Constitucional entendeu que o princípio constitucional de inviolabilidade do domicílio se estende também à sede social das empresas. O domicílio de uma pessoa jurídica é tão inviolável quanto a moradia de uma pessoa física. Consequentemente, a autorização para que um inspetor ou um cobrador se apresente no domicílio social de uma empresa deve ser estabelecida por um juiz de instrução, assim como no caso de uma residência particular. Poderíamos esquematizar assim o argumento em questão:

① A residência de um indivíduo é inviolável.

② O domicílio social de uma empresa é semelhante ao de um indivíduo.

Logo, o domicílio social de uma empresa é inviolável.

Vejamos outro exemplo, a partir da correção entre argumento e contra-argumento.

a) Argumento. Em Brasil existem dispositivos legais que buscam coibir o consumo de bebidas alcoólicas em determinadas situações ou períodos. Sabe-se, por exemplo, da restrição de consumo imposta durante a época de eleições e que o período de proibição varia de acordo com a legislação de cada estado. A proibição existe também em muitas cidades numa tentativa de conter os índices de acidentes e violência. Igualmente, em determinadas instalações e restaurantes próximos das estradas é reprimido o comércio de bebidas, especialmente, para caminhoneiros.

Nesse mesmo empenho, em 2008 foi aprovada a Lei 11.705, que modificou o Código de Trânsito Brasileiro, medida conhecida como "Lei Seca", que proíbe o consumo de bebida por condutores de veículos, alcoólica e estabelece o exame do bafômetro, ficando o condutor transgressor sujeito a pena de multa, a suspensão da carteira de habilitação e até a pena de detenção, dependendo da concentração de álcool por litro de sangue.

Podemos resumidamente afirmar que a mencionada Lei tem como finalidade provocar uma mudança de hábitos da população brasileira, quanto ao consumo de qualquer quantidade de bebidas alcoólicas por condutores de veículos. Assim, podemos considerar que a lei privilegia um valor: a vida. Neste sentido ela vale para qualquer condutor e em qualquer lugar onde puder circular um veículo. Por outro lado, a objetividade jurídica dessa lei é dar uma segurança maior sobre a questão do trânsito. Assim sendo, e com base nessa verdade (V_3) poderíamos construir o seguinte argumento:

① É proibido dirigir sob a influência do álcool.

② "A" dirige sob a influência do álcool.

Logo, "A" deve ser sancionado.

Esquema com proposições de duvidosa validade:

① É proibido, para qualquer condutor e em qualquer lugar onde puder circular um veículo, ingerir bebida alcoólica.

② O condutor "A", ingeriu bebida alcoólica.

Logo, "A" deve ser sancionado.

b) Contra-argumentos (argumentos contrários).

1. O motorista que se recusar a fazer exames de bafômetros e de coleta de sangue para verificar a quantidade de álcool consumido estará sujeito às penalidades do artigo 165, do CTB. Mas, "este dispositivo, em tese, fere o princípio constitucional que ninguém é obrigado a produzir prova contra si próprio".

2. A lei é falha quando se fala sobre o bafômetro. Antes de entrar em vigor, todos os pontos de fiscalização e os policiais responsáveis por este trabalho deveriam ser melhor equipados. A fiscalização tem de ser permanente.

3. A grande questão é saber se a polícia vai ter condições de fiscalizar um número maior de pessoas. Acho que a própria polícia vai modular essa fiscalização, usando o bom senso. Se fizer uma blitz em uma grande avenida de São Paulo, por exemplo, em dias de fim de semana, vai pegar muita gente embriagada.

Poderíamos esquematizar assim o argumento em questão:

① Todo dispositivo que fere algum princípio constitucional é considerado não-válido (inconstitucional).

② O dispositivo "A", fere o princípio constitucional que ninguém é obrigado a produzir prova contra si próprio.

Logo, "A" deve é inconstitucional.

Temos aí um conflito entre um valor e um princípio?

3.3 Problemas do raciocínio jurídico

Um dos problemas do raciocínio jurídico é a sua relatividade, imposta pela ideia de que o direito foi, durante séculos, dominado pelo ideal de uma justiça absoluta, concebida ora como de origem divina, ora como natural ou racional, o que fez que o direito fosse definido durante séculos como *ars boni et aequi* (Digeste, I, 1,1), a arte de determinar o que é justo e equitativo. O papel do jurista, nesta perspectiva, seria o de preparar, com suas reflexões e com suas análises, a solução mais justa em cada caso específico. O raciocínio jurídico, como instrumento de justificação, indispensável em todo sistema moderno de direito envolve um problema dos fundamentos muitas vezes procurado tão-somente na lei, outra na necessidade de justiça e de equidade. (PERELMAN, 2004, p. 9, 96)

Cumpre insistir no fato de que as noções de justiça e de equidade são vagas e intervêm não só no direito, mas também em moral, em política, em religião. Terá o juiz a liberdade de dar a conhecer, a propósito disso, sua apreciação subjetiva do justo e do injusto, seja qual for sua fonte de inspiração, e motivar sua decisão com considerações morais, políticas e religiosas, para desempenhar de modo satisfatório a missão que lhe foi confiada? Poderá ignorar a lei e pretender, mesmo assim, que está cumprindo sua missão e dizer o direito?

Se existem obstáculos a essa assimilação do direito a um sistema dedutivo, a saber, o silêncio, a obscuridade e a insuficiência da lei, a missão da doutrina será remediá-los apresentando soluções “científicas” às dificuldades. Para evitar a obscuridade da lei, resultante da imprecisão e da ambiguidade de seus termos, era necessário que a doutrina e a jurisprudência se esforçassem para definir, de modo tão claro quanto possível, todos os termos usados pela lei: era esse o papel da célebre doutrina dos conceitos, que fixava de uma vez por todas o sentido dos termos jurídicos, de modo que permitisse, a partir dos textos legais, um raciocínio tão estrito quanto dentro de um sistema matemático. Graças a esse método esperava-se, se não eliminar inteiramente, ao menos reduzir consideravelmente todas as ambiguidades que favoreciam as controvérsias e diminuíam a segurança jurídica. (PERELMAN, 2004, p. 69-70)

Toda a problemática do raciocínio jurídico, especialmente judicial, esforçar-se-á, portanto, para elaborar uma dialética em que a busca de uma solução satisfatória enriqueça o arsenal metodológico que permite manter a coerência do sistema e torná-lo mais flexível. É esta a perspectiva que cabe sublinha o papel crescente atribuído pelos teóricos do raciocínio jurídico aos princípios gerais do direito e à tópica jurídica. Certamente, a resposta à questão o que é direito? É determinante para que possamos precisar a noção de raciocínio jurídico, bem como a natureza e o estatuto dos conceitos e das teorias jurídicas. (PERELMAN, 2004, p. 8, 117)

Pois bem, os problemas que estimulam a investigação dos alicerces do raciocínio jurídico e mais especificamente do judiciário passa pelos alicerces do conceito que temos de Direito, aqueles que orientam os argumentos fundados nas teses e concepções jurídicas, pontos de partida que sustentam e justificam as teses e decisões dos agentes da administração pública, advogados, promotores e dos juízes etc., por exemplo: 1. *Qual o fundamento do seu pedido de demissão?;* 2. *Qual o fundamento de uma petição o requerimento?;* 3. *Qual o fundamento de uma sentencia?*

Uma questão não menos importante está na necessidade de deixar de descrever para qualificar fatos e condutas.

Muitas vezes, a passagem da descrição à qualificação não é óbvia, pois as noções sob as quais devem ser subsumidos os fatos podem ser mais ou menos vagas, mais ou menos imprecisas, e a qualificação dos fatos pode depender da determinação de um conceito, resultante de uma apreciação ou de uma definição prévia. (PERELMAN, 2004, p.47)

Assim, os problemas da argumentação muitas vezes consistem em a não compreensão uniforme desses conceitos, quando tais construtos resultam ser vagos ou ambíguos.

Alguns conceitos são abstratos ou não-concretos, a saber, justiça, equidade, interesse público, urgência, bons costumes etc. que nos obrigam a apelar a critérios, a "padrões" que o legislador não definiu, justamente para deixar ao juiz um poder de apreciação. Quando o legislador quer diminuir o poder de apreciação, acontece-lhe precisar os termos da lei, introduzindo, se possível, elementos quantitativos. (PERELMAN, 2004, p.49) ou as chamadas definições legais.

Hoje, sabe-se das dificuldades de interpretação e aplicação da lei (lei seca) brasileira que pune o motorista que dirige sob efeito de bebida. Alguns conceitos como embriaguez, estado alcoólico etc. precisam ser definidos: "como a taxa pode ser medida por meio de testes extremamente simples (teste alcoólico), a liberdade de apreciação do juiz fica reduzida ao mínimo". (PERELMAN, 2004, p.49)

Ora, atualmente, como a possibilidade de realização do teste (bafômetro), que hoje fere um princípio constitucional (liberdade: ninguém está obrigado a produzir provas contra si próprio).

Mesmo estando estabelecidos os fatos, surgem problemas de qualificação ligados à maior ou menor dificuldade de interpretar e aplicar a lei. Somente no limite é que o raciocínio do juiz se restringirá à aplicação do silogismo judiciário. (PERELMAN, 2004, p.50)

Vê-se, de um lado, o conjunto de conceitos e princípios básicos de um ramo de conhecimento, de uma técnica, de uma atividade como aquilo sobre que (metodologicamente) se apóiam suas teses e conclusões e, de outro, o conjunto de proposições de onde esses conhecimentos se deduzem como o objeto sobre o qual se desenvolve o raciocínio.

Certamente, o raciocínio depende da forma em que é pensado o direito. Na medida em que o direito é pensado o jurista adota uma postura positivista (formalista, centrado na norma), realista (centrado nos fatos) ou jusnaturalista (centrados nos valores).

3.3.1 Fundamentos do raciocínio e da argumentação jurídica

Sabe-se que o artigo 140 da Lei n.º 13.105, de 16 de março de 2015. Código de Processo Civil, ao proclamar que "O juiz não se exime de decidir sob a alegação de lacuna ou obscuridade do ordenamento jurídico", obriga-o a argumentar e a decidir conforme a recursos extralegais e muitas vezes supranormativos, razão pela qual surgem decisões diversas.

Consideramos ser esta uma premissa fundamental que justifica o raciocínio e a argumentação jurídica para além das verdades V_1 e V_2, prevalecendo, assim, V_3.

Sabe-se que o ordenamento jurídico não é necessariamente completo, é muitas vezes insuficiente, lacunoso e desatualizado, razão pela qual o jurista, durante a interpretação e aplicação na norma procura outros fundamentos fora da lei.

Essa idéia de um direito incompleto determina o nosso raciocínio. Daí a necessidade de examinar os fundamentos históricos e epistemológicos que dominam esses processos.

3.3.1.1 Fundamentos do raciocínio lógico

Diz-se de um tipo de raciocínio proposicional (clássico) fundado na ideia de verdade, cuja única exigência seria a veracidade das premissas. Esta afirmação é aceitável quando falamos de silogismos onde se usam proposições afirmativas ou descritivas, próprias das ciências que não tem como objeto as prescrições (normas).

Assim, se propõe reduzir o direito à lei. A sua tese fundamental seria: a Lei é lei, e o juiz deve, em qualquer caso, conformar-se a ela. Uma lei injusta não pertence ao direito. Aqui, o que interessa ao juiz é a aplicação das regras jurídicas aos fatos qualificados, de modo que deles extraia as consequências previstas pelo direito em vigor, o exame prévio e a descrição dos fatos são orientados pela passagem mais ou menos imediata, mais ou menos difícil, dos fatos estabelecidos à sua qualificação. Assim como um físico ou um médico interessam-se por certos detalhes apenas porque confirmam ou infirmam certa teoria ou certa hipótese, assim também o juiz há de se interessar somente pelos detalhes que permitam ou impeçam a aplicação de uma regra de direito. (PERELMAN, 2004, p. 31, 46, 95)

Trata-se de um silogismo formal as premissas têm de ser verdadeiras (V_1). Exemplo:
① Conforme o nosso Código Penal é proibido matar. (Premissa verdadeira)
② “A” matou. (Premissa verdadeira)
Logo, “A” deve ser sancionado. (Conclusão verdadeira)

Caso alguma das premissas seja falsa, a conclusão também o será. Exemplo,
① Todos os políticos são corruptos. (Premissa falsa)
② O professor é político. (Premissa verdadeira)
Logo, o professor é um corrupto. (Conclusão falsa)

A teoria pura do direito, tal como kelsen a elaborou, deveria, para permanecer científica, eliminar de seu campo de investigação qualquer referência a juízos de valor, à idéia da justiça, ao direito natural, e a tudo o que concerne à moral, à política ou à ideologia. A ciência do direito se preocupará com condições de legalidade, de validade dos atos jurídicos, com sua conformidade às normas que os autorizam. Kelsen reconheceria, sem dúvida, que o juiz não é um mero autômato, na medida em que as leis que aplica, permitindo diversas interpretações, dão-lhe certa latitude, mas a escolha entre essas interpretações depende, não da ciência do direito nem do conhecimento, mas de uma vontade livre e arbitrária, que uma pesquisa científica, que se quer objetiva e alheia a qualquer juízo de valor, não pode guiar de modo algum. Os inconvenientes da teoria pura do direito de Kelsen, que separa de modo demasiado rígido o direito do fato, faz concessões excessivas ao arbítrio do juiz dentro do âmbito da lei, despreza o papel essencial da regra de justiça formal, que requer o tratamento igual para situações essencialmente semelhantes, e recusa toda referencia a juízos de valor, como se a justiça e a equidade fossem noções alheias ao direito. (PERELMAN, 2004, p. 92-94)

Sob a influência do racionalismo moderno, o direito foi assimilado a um sistema dedutivo, nos moldes dos sistemas axiomáticos da geometria ou da aritmética. Os defensores do positivismo jurídico, tal como se manifestou na Escola da exegese, opõem-se aos partidários do direito natural e da jurisprudência universal, porque os axiomas nos quais fundam sua dedução não são racionais, válidos sempre e em qualquer lugar, mas encontram-se nos textos legais, expressão da vontade do legislador. (PERELMAN, 2004, p.69)

3.3.1.2 Fundamentos do raciocínio axiológico

Diz-se de um tipo de raciocínio proposicional cuja dificuldade é encontrada na relatividade e abstração dos conceitos usados e cuja única exigência seria a aceitação (ou convencionalismo) acerca do sentido e significado desses conceitos e de cuja convenção depende a aceitação da verdade das premissas.

Este tipo de raciocínio nos convida a rever, por exemplo, o significado dos valores. Certamente, os valores morais, neste modelo têm o papel de orientar a racionalidade, permitindo definir o "bem moral" como o ideal da *melhor decisão*.

Falamos, então, de silogismos onde se usam proposições valorativas (juízos morais), próprios da Filosofia Moral.

Trata-se de um silogismo cujas premissas têm de ser aceitas ou convencionadas (V_3). Exemplo:

① Conforme a Ética Administrativa desviar dinheiro público (corrupção ativa) é imoral. (Premissa verdadeira)

② “A” desviou recursos públicos. (Premissa verdadeira)

Logo, “A” praticou um ato imoral. (Conclusão verdadeira)

Caso alguma das premissas seja falsa, a conclusão também o será. Exemplo:

① Todos os políticos são corruptos. (Premissa falsa)

② O professor é político. (Premissa verdadeira)

Logo, o professor é um corrupto. (Conclusão falsa)

3.4 Estruturas do silogismo judicial

Hodiernamente, ainda, são sentidas as influências dessas orientações, assim, como ilustramos nas seguintes decisões. Vejamos.

> ***Caso 1.*** Ação declaratória. União estável entre pessoas do mesmo sexo. Manifesta impossibilidade jurídica do pedido (...). 1. A impossibilidade jurídica do pedido ocorre quando a ordem jurídica não permite a tutela jurisdicional pretendida. 2. Diante da norma expressa, contida no art. 226, § 3º , da CF, somente entidade familiar por constituir união estável o relacionamento afetivo entre homem e mulher [...]. Tribunal de Justiça de MG, Relator: Rui Caetano Levi Lopes, Julgado em 22/03/2005. Publicado em 01/04/2005. (Decisão disponível em: <http://www.tjmg.jus.br>. Acesso em: 30/06/2011)

Como se observa a decisão deste primeiro caso é delineada por um pensamento evidentemente positivista e influenciado pela *exegese* normativa, motivo pelo qual a união estável entre pessoas do mesmo sexo não merece reconhecimento jurídico, pois diante da norma expressa, contida no art. 226, § 3º, da CF, somente entidade familiar por constituir união estável o relacionamento afetivo entre homem e mulher.

Caso 2. "Como já se sabia em Roma *ubi societas, ibi jus* (onde está a sociedade está o direito) – o direito segue a evolução social, estabelecendo normas para a disciplina dos fenômenos já postos. Não é diferente neste caso: o ato de constituição da união homoafetiva existe, ocorre e gera efeitos juridicamente relevantes que, portanto, merecem tratamento pelo direito". (Voto Ministro Luiz Fux, julgamento da ADI 4.277) (Disponível em: <http://www.tjmg.jus.br>. Acesso em: 15/07/2011)

Podemos concordar com a ideia de que neste segundo caso a decisão é influenciada pelos enunciados da *escola funcional e sociológica* (empírico-sociológica), sendo que o aspecto favorável ao reconhecimento da homoafetividade como relação jurídica se apoia na ideia de que o direito deve acompanhar a evolução social, (onde está a sociedade está o direito).

Caso 3. APELAÇÃO. UNIÃO HOMOSSEXUAL. RECONHECIMENTO DE UNIÃO ESTÁVEL. APELO DA SUCESSÃO. A união homossexual merece proteção jurídica, porquanto traz em sua essência o afeto entre dois seres humanos com o intuito relacional [...], em face dos princípios constitucionais vigentes, centrados na valorização do ser humano. Tribunal de Justiça do RS. Relator: Rui Portanova, Julgado em 10/06/2010. Publicado em 18/06/2010. (Decisão disponível em: <http://www.tjrs.jus.br>. Acesso em: 30/06/2011)

Neste último caso a decisão se baliza por uma *concepção tópica do raciocínio judiciário*, assim definida pelo conceito da valorização do ser humano (o reconhecimento da personalidade, da dignidade, da igualdade, do respeito etc.) e os princípios que orientam a justiça, decidindo-se, assim, pela proteção jurídica da união homoafetiva, porquanto traz em sua essência o afeto entre dois seres humanos.

Conclui-se, assim, que não contamos com escolas, concepções nem decisões unívocas, motivo pelo qual é a forma de justificar (interna ou externa) o que se deve considerar mais importante.

Cabe ao juiz ou ao agente julgador motivar as suas decisões. Assim, quem é encarregado e tomar uma decisão em direito, seja ele legislador, magistrado ou administrador público, deve arcar com as responsabilidades. Seu comprometimento pessoal é inevitável, por melhores que sejam as razões que possa alegar em favor de sua tese. (PERELMAN, 2004, p. 9)

3.4.1 Justificação interna e externa do silogismo

Na prática as decisões são, maiormente, justificas dedutivamente, verificando-se, assim, a passagem de uma premissa normativa e de uma premissa fática para uma conclusão normativa. Nos casos jurídicos simples ou rotineiros, pode-se considerar que o trabalho argumentativo do juiz se reduz a efetuar uma inferência desse tipo. Há, suposições nas quais a tarefa de estabelecer a premissa fática e a normativa exige novas argumentações que podem ou não ser dedutivas. Fala-se assim de *justificação interna* que se refere à validade de uma inferência a partir de premissas dadas e de um segundo tipo de *justificação externa*, que coloca à prova o caráter menos ou mais fundamentado de suas premissas. A argumentação *interna* é apenas questão de *lógica dedutiva*, mas, na *justificação externa*, é preciso ir além da lógica em sentido estrito. (ATIENZA, 2002, p. 51)

Para melhor entender esta teoria, vejamos o seguinte caso-exemplo.

Casos n. 3: Vigilante de Peso é demitida por engordar

Fonte: www.cenariomt.com.br/noticia.asp?cod=162840&codDep=2

Uma ex-orientadora do "Vigilantes do Peso" foi demitida por engordar 20 quilos e exige R$ 20 mil de indenização na Justiça. A empresa argumentou que os colaboradores do programa de emagrecimento não podem engordar porque sua função é justamente motivar as pessoas a se livrarem dos quilos extras.

O TST (Tribunal Superior do Trabalho) vai decidir se a ex-funcionária tem direito a ser indenizada por danos morais e ao recebimento de verbas rescisórias devidas em caso de demissão sem justa causa, como a multa de 40% do FGTS (Fundo de Garantia do Tempo de Serviço). Como argumento para se livrar da acusação, a empresa afirma que o contrato previa a dispensa em caso de ganho de peso. Segundo consta no processo em análise no TST, a funcionária em questão foi contratada em 1992, quando pesada 74 quilos. Em 2006, quando foi dispensada por indisciplina, estava com 93,8 quilos. Os magistrados estão divididos: um voto a favor da funcionária e outro a favor da empresa. O ministro Guilherme Caputo Bastos, relator do recurso, foi quem votou contra a ex-Vigilantes do Peso.

Argumento 1

Caputo argumentou que, conforme as clausula do contrato, a funcionária descumpriu o item que determinava a manutenção de um peso ideal. Assim, a ex-orientadora foi dispensada por justa causa já que, do contrário, a empresa poderia estar "trabalhando contra si própria" por manter uma orientadora fora dos padrões exigidos.

Argumento 2

Pimenta discordou do colega ao afirmar que, para ele, a cláusula é abusiva e desrespeita os direitos fundamentais da empregada. Para o magistrado, não é possível obrigar alguém a se comprometer a não engordar. "Essa empregada engordou porque quis?", questionou. O magistrado afirmou que a trabalhadora deveria receber, além das verbas rescisórias, uma indenização de R$ 20 mil.

O primeiro argumento se sustenta na *lógica dedutiva* e, essencialmente nas V_1. Vejamos:

> ① Existe um contrato, cuja cláusula especifica o peso ideal; (V_1: premissa maior)
> ② "A" (funcionária) descumpriu o item que determinava a manutenção e um peso ideal. (V_1: premissa menor);
> Logo, "A" *deve ser* demitida por justa causa.

Uma vez **estabelecidos os fatos**, basta formular o **silogismo jurídico**, cuja premissa maior deve ser fornecida pela regra de direito apropriada, a menor pela constatação de que as condições previstas na regra haviam sido preenchidas, sendo a decisão dada pela conclusão do silogismo. (PERELMAN, 2004, p.33)

Já, o segundo argumento se orienta por uma *justificação externa*, definida por outros elementos (indicadores) externos à ordem normativa e que exige ir além da lógica. Vejamos:

> ① Existe um contrato, cuja cláusula especifica o peso ideal; (V_1: premissa maior)
> ② Mas, a cláusula é abusiva e desrespeita os direitos fundamentais da empregada; (V_3: premissa menor)
> Logo, "A" deveria receber, além das verbas rescisórias, uma indenização de R$ 20 mil.

Neste caso, os conceitos de abusividade de desrespeito constituem os elementos de justificação externa. Neste segundo argumento, conclui-se que a argumentação jurídica vai além da lógica formal e do mero silogismo. Justifica-se, assim, a passagem de V_1 para V_3 procurando-se um fundamento na supranormativo.

Concluímos, assim, que o argumento jurídico é um recurso de motivação e de verdades jurídicas, pois: "o direito se elabora através das controvérsias e das oposições dialéticas, das argumentações em sentido diverso". (PERELMAN, 2004, p.10)

Ao argumento *a simili*, fundado na regra de justiça, prendem-se dois outros argumentos, que se apóiam quer sobre os precedentes, quer sobre um texto legal, o *argumento a fortiori* e o argumento *a contrario*. O argumento *a fortiori* apóia-se, não sobre a similitude entre o caso submetido ao tribunal e um precedente apropriado, mas sobre a *ratio decidendi*, a razão alegada par dirimir o caso anterior de um modo determinado. Apóia-se igualmente sobre o espírito da lei. O argumento *a fortiori* pretende que a razão alegada em favor de certa conduta ou de certa regra em um caso determinado impõe-se com força ainda maior no caso atual. Se foi punido alguém que golpeou e feriu outro homem, deve-se, *a fortiori*, punir aquele que com seus golpes causou a morte. Notemos, a esse respeito, que o argumento *a fortiori* não é, por si só, jurídico, não é um raciocínio puramente formal. O raciocínio, não tendo tomado como ponto de partida uma decisão de justiça, pertence não ao âmbito da lógica jurídica, mas ao da argumentação. Quando se insere argumento *a fortiori* em uma ordem jurídica, ele permite guiar o juiz e justificar-lhe a decisão. (PERELMAN, 2004, p.11)

O argumento *a contrario* aplica-se normalmente às mesmas situações a que, à primeira vista, seria aplicável o argumento *a simili*. Se uma lei promulga certas disposições relativas aos filhos herdeiros, pelo argumento *a simili* tais disposições serão estendidas também às filhas; ao passo que, pelo argumento a contrario, sustentar-se-á que tais disposições não se aplicam às pessoas do sexo feminino. Referendo-se à experiência profissional dos juristas, o professor Tarello, em sua explanação consagrada à especificidade do raciocínio jurídico, examinou treze tipos de argumentos que permitem interpretar os textos consoantes a intenção atribuída ao legislador. Esses argumentos não pertencem à lógica formal, pois concernem não à forma, mas à matéria do raciocínio, ao estabelecimento de premissas a partir de textos. São os seguintes. (PERELMAN, 2004, p. 12, 74, 75)

I- O argumento *a contrario*.

II- O argumento *a simili* ou o argumento analógico.

III- O argumento *a fortiori*.

IV- O argumento *a completudine*.

V- O argumento *a coherentia*.

VI- O argumento psicológico.

VII- O argumento histórico.

VIII- O argumento apagógico.

IX- O argumento teleológico.

X- O argumento econômico.

XI- O argumento *ab exemplo*.

XII- O argumento sistemático.

XIII- O argumento naturalista.

I- O argumento *a contrario* "é um procedimento discursivo segundo o qual, sendo dada uma proposição jurídica, que afirma uma obrigação, na falta de outra disposição expressa deve-se excluir a validade de uma proposição jurídica diferente, que afirma a mesma obrigação. Assim é que, se uma disposição jurídica obrigar todos os jovens que chegaram aos vinte anos a prestar o serviço militar, daí se concluirá, a contrario, que as jovens não são sujeitas à mesma obrigação.

Caso Exemplo 1

- *A personalidade civil da pessoa começa do nascimento com vida; mas a lei põe a salvo, desde a concepção, os direitos do nascituro*. (Art. 2º Código Civil 2002)

Logo, se concluirá (a contrário) que, quem não nasce vivo não é considerado pessoa.

Caso Exemplo 2

- *Considera-se empresário quem exerce profissionalmente atividade econômica organizada para a produção ou a circulação de bens ou de serviços*. (Art. 966 Código Civil 2002)

Parágrafo único. Não se considera empresário quem exerce profissão intelectual, de natureza científica, literária ou artística, ainda com o concurso de auxiliares ou colaboradores, salvo se o exercício da profissão constituir elemento de empresa.

- *É obrigatória a inscrição do empresário no Registro Público de Empresas Mercantis da respectiva sede, antes do início de sua atividade*. (Art. 967 Código Civil 2002)

Logo, podemos concluir (a contrário) quem desenvolve uma atividade sem registro (na ordem da econômica informal) não é considerado empresário.

II- A ausência de uma restrição poder-se-ia ter raciocínio *a simili* ou por analogia, dizendo que, sendo dada uma proposição jurídica que afirma uma obrigação jurídica relativa a um sujeito ou a uma classe de sujeito, existe a mesma obrigação a respeito de qualquer outro sujeito, ou classe de sujeito. (PERELMAN, 2004, p.76)

Caso Exemplo 3

- *Toda pessoa é capaz de direitos e deveres na ordem civil.* (Art. 1º Código Civil 2002)

Logo, se concluirá que mulheres, homens, jovens ou idosos são capazes de direitos e deveres.

Caso Exemplo 4

- *Consumidor é toda pessoa física ou jurídica que adquire ou utiliza produto ou serviço como destinatário final.* (Art. 2º do Código de Defesa do Consumidor)

Parágrafo único. Equipara-se o consumidor a coletividade de pessoas, ainda que indetermináveis, que haja intervindo nas relações de consumo.

Logo, se concluirá que quem sofreu danos derivados do uso e do consumo (e não é necessariamente comprador) pode ser considerado consumido.

III- O argumento *a fortiori*, do qual podemos distinguir duas formas, o argumento a *minori ad maius* (aplica-se no caso de uma prescrição negativa) e *a maiori ad minus* (aplica-se no caso de uma prescrição positiva). Exemplo do primeiro caso: se é proibido ferir, é proibido matar; se é proibido pisar na grama, *a fortiori* é proibido arrancá-la. A segunda forma se manifesta no brocardo: "Quem pode o mais, pode o menos". Pode-se dizer, graças a um raciocínio *a maiori ad minus*, que, do mesmo modo, é possível tornar-se titular de qualquer outro direito real menos importante que o de propriedade. "Se todos os X podem fazer A e todo B é A, então todos os X podem fazer B". Mas essa redução nem sempre é possível, pois não se trata de uma regra que possa ser formalizada. À primeira vista, parece que aquele que é autorizado a comprar três garrafas de álcool em um depósito de bebidas possa comprar apenas uma garrafa, pois todo grupo de três garrafas contém uma garrafa. (PERELMAN, 2004, p.77)

Trabalhar o princípio da liberdade em face da moralidade e o raciocínio. É imoral e ilegal, por exemplo, vender bebidas e tabacos a menores aqui se agride a finalidade da lei.

Comentar exemplo da Lei Seca no Brasil. É ilegal beber quando se dirige e é imoral evadir a lei obstaculizar o direito se escudando num princípio constitucional. A finalidade da lei, neste caso, é diminuir os acidentes (papel educativo), assim, qualquer ação contrária é também contraria ao valor vida. Logo, contrapõe-se a lei (norma constitucional) a um valor.

O argumento *a completudine* ou da completude do sistema jurídico "é um procedimento discursivo segundo o qual, já que não se encontra proposição jurídica que atribua uma qualificação jurídica qualquer a cada sujeito em relação a cada comportamento materialmente possível, deve-se concluir pela validade e pela existência de uma disposição jurídica que atribua aos comportamentos não regulamentados de cada sujeito uma qualificação normativa, particular: ou sempre indiferentes, ou sempre obrigatórios, ou sempre proibidos, ou sempre permitidos". Este argumento funda-se na idéia de que todo sistema jurídico é completo e deve, portanto, conter uma regra geral concernente a todos os casos que não são regulamentados por disposições particulares. Esta concepção, bastante difundida no século XIX, pois era complementar à idéia de que o juiz não deveria participar da elaboração do direito, supunha a ausência de lacunas e, portanto, também de antinomias, pois estas resultam da ausência de uma regra que permita descartar a aplicação e uma das duas regras incompatíveis, em um caso particular. Ela se opõe, aliás, à idéia de que existem comportamentos não regidos pelo direito. (PERELMAN, 2004, p.78)

O argumento *a coherentia* é o que, partido da idéia de que um legislador sensato – e que se supõe também perfeitamente previdente – não pode regulamentar uma mesma situação de duas maneiras incompatíveis. Este argumento permite ao juiz intervir para resolver a antinomia, mas, se nos ativéssemos estritamente à hipóteses da coerência do direito, tal solução preexistiria no sistema jurídico. (PERELMAN, 2004, p.78-79)

O argumento *psicológico* consiste na investigação da vontade do legislador concreto, recorrendo ao exame dos trabalhos preparatórios. Este argumento, frequentemente utilizado quando se trata de uma lei recente. Tais investigações permitem precisar a razão da lei, reconstruindo a intenção do legislador, pensando no problema concreto que ele devia resolver, nos princípios a que se refere, nas emendas feitas ao projeto primitivo (**a razão ou motivos da lei**). Esta argumentação permite refutar uma interpretação da lei que poderia ter parecido plausível na ausência de tais indicações. O argumento *histórico*, ou de presunção de continuidade, supõe que o legislador é conservador, isto é, que permanece fiel ao modo como quis regulamentar certa matéria, a menos que tenha modificado expressamente o texto legal. (PERELMAN, 2004, p.79)

O argumento *apagógico*, ou de redução ao absurdo, segundo o qual se supõe que o legislador é sensato e que jamais poderia ter admitido uma interpretação da lei que conduzisse a consequências ilógicas ou iníquas. Está no centro de todos os raciocínios que se preocupam com as consequências de uma decisão judiciária, com o fato de ser justa ou injusta, e afastam-se, desse modo, de uma concepção puramente positiva do direito. (PERELMAN, 2004, p.79-80)

O argumento *teleológico*, referente ao espírito e à finalidade da lei, que desta vez não são reconstituídos a partir do estudo concreto dos trabalhos preparatórios, mas a partir de considerações sobre o próprio texto da lei. Esse modo mais abstrato de argumentar impõe-se quando o estudo histórico não permite esclarecer o intérprete, porque os problemas levantados são novos e não se apresentavam na época. (PERELMAN, 2004, p.80)

O argumento *econômico* ou hipótese do legislador não redundante. Afirma essencialmente que uma interpretação deve ser descartada porque, se fosse admitida, o texto se limitaria a repetir o que resulta de um texto legal anterior e se tornaria, por esta razão, supérfluo. Mas este argumento nem sempre se impõe, pois pode acontecer que uma regulamentação particular não seja mais que a aplicação de um princípio geral. O argumento *ab exemplo* que permite interpretar a lei em conformidade com os precedentes, com uma decisão anterior ou com a doutrina geralmente admitida. (PERELMAN, 2004, p.80)

O argumento *sistemático* parte das hipóteses de que o direito é ordenado, e que suas diversas normas formam um sistema cujos elementos podem ser interpretados de acordo com o contexto em que estão inseridos. (PERELMAN, 2004, p.80)

O argumento naturalista, ou da natureza das coisas, ou hipótese do legislador impotente. Este argumento conclui do fato que, em dada situação, um texto de lei é inaplicável, porque a natureza das coisas se opõe a isso. (PERELMAN, 2004, p.80-81)

3.5 Metodologia do raciocínio

Existe uma metodologia do raciocínio? A nossa resposta é sim, só que essa metodologia ainda está em construção. A respeito desse assunto explica Perelman (2004, p.29-30) que existem os métodos de raciocínio justificados por uma nova visão do direito e por uma concepção renovada do papel do judiciário.

Invocar os indicadores que nos permite abranger a razão do direito e não unicamente a razão da lei. Aqui, considerando o direito não como um mero conjunto de normas, invocamos os valores, isto é, a justiça que a nossa decisão faria no confronto entre fatos e norma.

O juiz não pode considerar-se satisfeito se pode motivar sua decisão de modo aceitável; deve também apreciar o valor desta decisão, e julgar se lhe parece justa ou, ao menos, sensata. (PERELMAN, 2004, p.96)

O juiz recebe sua autoridade do Estado, que lhe confere competência e poder – impede identificar, pura e simplesmente o que é justo segundo o direito com o que parece justo a um indivíduo. A afirmação de que tal tese é preferível em direito supõe a existência de uma ordem jurídica, pois de outro modo seria impossível motivar, de modo juridicamente válido, o dispositivo da sentença. (PERELMAN, 2004, p.98)

A enumeração de métodos de interpretação dos textos, o recurso aos precedentes e aos princípios gerai, às finalidades e aos valores que o legislador busca promover e proteger, todo esse arsenal de argumentos é totalmente insuficiência par guiar o juiz no exercício de suas funções, pois nenhum sistema estabelecido a priori pode indicar-lhe, num caso concreto, a qual metido de raciocínio deve recorrer, se deve aplicar a lei literalmente, ou, ao contrário, restringir ou alargar seu alcance. O estilo das motivações tem um alcance secundário em comparação às considerações primordiais: decisões justas e conforme a direito. (PERELMAN, 2004, p.113)

A orientação que ele se empenha em elaborar é extraída da prática judiciária. Ora, esta inspira-se menos num desejo de compreende e interpretar os textos legais, em conformidade com métodos escolares (interpretação literal ou gramatical, sistemática, histórica, teleológica etc.), que numa intenção consciente de busca uma solução justa, conforme à natureza do problema. As motivações e as justificações da decisão visam essencialmente demonstrar o caráter sensato da solução, inserindo-a no sistema jurídico em vigor. (PERELMAN, 2004, p.114)

Conclui-se que a solução justa da lide não é simplesmente, como afirmaria o positivismo jurídico, o fato de ser conforme a lei, isto é, legal. É bem raro, de fato, que haja apenas um modo de conceber a legalidade de uma solução: será antes a idéia prévia daquilo que constituirá uma solução justa, sensata, aceitável que guiará o juiz em sua busca de uma motivação juridicamente satisfatória. Mas, em tal caso, a idéia prévia que se forma de uma solução social e moralmente aceitável em dado meio não é uma consideração extrajurídica como o queira, por exemplo, a teoria pura do direito, que se esforça para excluir da ciência do direito qualquer juízo de valor. Pelo contrário, são os juízos de valor, relativos ao caráter adequado da decisão, que guiam o juiz em sua busca daquilo que, no caso específico, é justo e conforme ao direito, subordinando-se normalmente esta última preocupação à precedente. (PERELMAN, 2004, p.114)

O raciocínio jurídico deixa de ser, nessa perspectiva, uma simples dedução silogística cuja conclusão se impõe, mesmo que pareça desarrazoada, mas não é tampouco simples busca de solução equitativa que poderá ou não ser inserida na ordem jurídica em vigor. Pois, desse modo, o juiz deixaria de ser atado pelo legislador, o que suprimiria a distinção tradicional entre o justo de *lege data* e o justo de *lege ferenda*. A tarefa que o juiz se impõe é, portanto a busca de uma síntese que leve em conta, ao mesmo tempo, o valor d solução e sua conformidade ao direito (direito não é = a lei): o teórico deverá apenas examinar os métodos que o juiz utiliza para chegar a esse resultado. A interpretação da lei, para ser aplicada a um caso específico, deve ser considerada uma hipótese, que só será adotada definitivamente se a solução concreta em que redunda afigurar-se aceitável. (PERELMAN, 2004, p.115)

O sistema jurídico não é um sistema fechado, isolado do contexto cultural e social no qual se insere, pelo contrário, sofre constantemente seu influxo. É por essa razão que a aplicação do direito, a passagem da regra abstrata ao caso concreto, não é um simples processo dedutivo, mas uma adaptação constante dos dispositivos legais aos valores em conflito nas controvérsias judiciais. (PERELMAN, 2004, p. 115-116)

A nítida oposição dessa concepção ao positivismo jurídico está sublinhada na seguinte passagem, que, por assim dizer, vai em contracorrente da teoria pura do direito de Hans Kelsen:

> A capacidade do direito de funcionar como um sistema jurídico é inteiramente dependente da inserção controlada de juízos de valor pré-jurídicos ou ao menos pré-positivos. Nenhuma operação discursiva jurídica, por mais elementar que seja, pode ser compreendida, quando submetida a um exame mais atento, sem um juízo de valor assim. O pensamento em termos de valor não pode fornecer uma contribuição constitutiva independente, mas guia o esforço da dogmática a partir de seus pressupostos e permite controlar o caráter razoável da decisão: atos cujo alcance não se reduz de modo algum a seu alcance sociológico para a política judiciária. (PERELMAN, 2004, p.116)

3.5.1 Eticidade no raciocínio: raciocínio lógico *versus* raciocínio ético

Existe alguma contradição entre o raciocínio lógico e o ético? Para poder compreender essa relação convido o leitor a pensar a seguinte situação:

> *A* foi contratado como professor por uma universidade particular brasileira. *A* ministrou aulas, palestras e atuou como professor da graduação e da pós-graduação por vários cursos 2000 – 2003. A partir do ano 2004 *A* foi designado assessor da coordenação de pesquisa, no ano 2005 assinou novo contrato como professor 20 horas, mas devido às responsabilidades administrativas delegadas não ministrava aulas. Em julho de ano 2008 *A* foi demitido da universidade e lhe foi negado o direito da semestralidade. *A*, já fora dessa universidade, não conseguiu ser contratado por outra universidade até janeiro de 2009, pois todos os cursos e atividades docentes estavam completos e em andamento.
>
> Questão: *A* tem direito à semestralidade?

O raciocínio lógico refere-se a uma "racionalidade instrumental e se atém a um modelo dedutivo da justificação" (HABERMAS, 2004, p. 19). Já, o raciocínio ético se funda na racionalidade funcional, finalística e crítica que procura-se fundar nos valores morais reconhecidos pela comunidade.

Diz-se de um raciocínio axiológico ou, se se preferir, a racionalidade axiológica vê-se caracterizada pela subjetividade da chamada autoconsciência. Definida por Habermas como: "a capacidade da pessoa de assumir uma posição refletida e deliberada quanto às próprias crenças, desejos, valores e princípios, mesmo quanto ao projeto de toda a sua vida". (HABERMAS, 2004, p. 15)

Isto faz com que as conclusões e decisões que partem dessa racionalidade não seja unívoca, pois o que é bom (e justo) para mim, pode não ser para os outros. Por esse motivo, seu rigor e importância seriam negadas por autores que, como Popper não admitem "a existência de nenhum procedimento ou princípio, como o da universalização, que permita a adoção de critérios de valores *motivados pala racionalidade.* Para eles, a escolha dos valores fica à mercê daquilo que Weber chamou de 'combate entre deuses e demônios'". Conforme explica Habermas, Popper defende a opinião fideísta de que a adoção de uma atitude crítica e não dogmática é a uma questão de fé, não de argumentação. (HABERMAS, 2004, p. 19)

A respeito dessa falta de universalidade e para uma justiça social, propõe-se como condição atender à exigência de cooperar uns com os outros na busca de razões aceitáveis para os outros, e, mais ainda, estar disposto a deixar-se afetar e motivar, em suas decisões afirmativas e negativas, na busca de um acordo racional, portanto, só devem ser acolhidas soluções que sejam racionalmente aceitáveis para todos os envolvidos, na busca de um consenso, solução que reflete o vínculo social. (HABERMAS, 2004, p. 15-16)

O problema da racionalidade axiológica é encontrar uma justificação última do princípio da universalização que para Karl- Otto Apel somente é possível por meio do argumento transcendental, argumento que segundo Habermas é fraco por estar fundamentado em ideias baseadas na subjetividade originada por um "meta-discurso racional de caráter transcendente e auto-referencial que garante uma posição privilegiada para a filosofia". (HABERMAS, 2004, p. 19, 22-23)

BIBLIOGRAFIA

ALEXY, Robert. *Teoria da argumentação jurídica:* a teoria do discurso racional como teoria da fundamentação jurídica. Trad. Zilda Hutchinson Schild Silva; rev. e introdução à edição brasileira Claudia Toledo. 2 ed. São Paulo: Landy, 2005.

ARISTÓTELES. *Ética a Nicômacos*. 2. ed. Trad. de Mário da Gama Kury. Brasília: Editora Universidade de Brasília, c 1985, 1992.

ARPINI, Adriana. Pluralismo. In: TEALDI, Juan Carlos. *Diccionario latinoamericano de Bioética*. Bogotá: UNESCO - Red Latinoamericana y del Caribe de Bioética: Universidad Nacional de Colombia, 2008.

ARRUDA, Maria Cecília Coutinho de, e outros. *Fundamentos de ética empresarial e econômica*. 2. ed. São Paulo: Atlas, 2003.

ATIENZA, Manuel. *As razões do Direito. Teorias da Argumentação Jurídica*. São Paulo: Landy, 2002.

BOBBIO Norberto. *Teoría General del Derecho*. Bogotá: Temis, 1987.

________. *Teoria da Norma Jurídica*. Trad. Fernando Pavan Baptista e Ariani Bueno Sudatti. São Paulo: EDIPRO, 2001.

________. *O positivismo jurídico: Lições de Filosofia do Direito*. São Paulo: Ícone, 1995.

________. *Teoria do ordenamento jurídico*. 10. ed. Trad. Maria Celeste C. J. Santos. Apresentação Tércio Sampaio Ferraz Júnior. Brasília: Universidade de Brasília, 1999.

BORNHEIM, Gerd A. (organizador). *Os Filósofos Pré-socráticos*. São Paulo: CULTRIX, 1997.

BUNNIN, Nicholas e E.P. Tsui-James (orgs). *Compêndio de Filosofia*. São Paulo: Loyola, 2002.

CAFFÉ ALVES, Alaôr. As raízes sociais da Filosofia do Direito: uma visão crítica. In, *O que é a filosofia do direito?* Barueri, SP: Manole, 2004.

CARNELUTTI, Francesco. *Metodologia do direito*. Trad. Frederico A Paschoal. Campinas: Bookseller, 2002.

COMTE-SPONVILLE, André. *O capitalismo é moral?*: sobre algumas coisas ridículas e as tiranias do nosso tempo. Trad. Eduardo Brandão. 2. ed. São Paulo: WMF Martins Fontes, 2011.

DALL' Agnol, Darlei. *Bioética*. Rio de Janeiro: Jorge Zahar Ed., 2005.

DIEZ-PICAZO, Luis; GULLÓN, Antonio. *Instituciones de Derecho Civil*. Vol. I. Editorial Tecnos, S. A., Madri, 1995.

DÍEZ-PICAZO, Luis. *Experiencias jurídicas y teoría del derecho*. 3. ed. Corregida y puesta al día. España, Barcelona: Ariel, 1999.

DWORKIN, Ronald. *Levando os direitos a sério*. Trad. Nelson Boeira. 2. ed. São Paulo: Martins Fontes, 2007.

________, Ronald. *O império do direito*. Trad. Jeferson Luiz Camargo. Revisão técnica Gildo Sá Leitão Rios. 3. ed. São Paulo: Martins Fontes, 2014.

FERRAZ JR Tércio Sampaio. *A ciência do direito*. 2. ed. São Paulo: Atlas, 1980.

FERREIRA, Aurélio Buarque de Holanda. Novo Dicionário Aurélio da língua portuguesa. 3. ed. Curitiba: Positivo, 2004.

FONSECA, Eduardo Giannetti da. *Vícios Privados, Benefícios Públicos?*: a ética na riqueza das nações. São Paulo: Companhia de Letras, 1993.

FRANÇA, Limongi, R. *Hermenêutica Jurídica*. 7. ed. São Paulo: Saraiva, 1999.

________. *Brocardos Jurídicos. As regras de Justiniano*. 2. ed. São Paulo: Rt, 1969.

GONZÁLEZ, Antonio José Muñoz. Abogado. *Webmaster* de la *Web Jurídica Iuris Tantum* (España). Revista Telemática de Filosofía del Derecho, nº 3, 1999/2000, pp. 57-66.

GRAYLING, A. C. *Epistemologia*, in BUNNIN, Nicholas e E.P. Tsui-James (orgs). "Compendio de Filosofia". São Paulo: Loyola, 2002.

HABERMAS, Jürgen. *A ética da discussão e a questão da verdade*. Organização e introdução de Patrick Savidan; trad. Marcelo Brandão Cipolla. São Paulo: Martins Fontes, 2004.

________. *Crise do Estado e compreensão procedimentalista do direito*. In *Direito e Democracia*. Rio de Janeiro: Tempo Brasileiro, 1997, Vol. II, p. 170-190

________. *Facticidad y validez*. Madri: Trotta, 1998.

________. *La lógica de las ciencias sociales*. Trad. Manuel Jiménez Redondo. Madri: Tecnos, 1996.

HART Herbert L. A. *O Conceito de Direito*. 2. ed. Lisboa: Fundação Calouste Gulbenkian, 1994.

HARE, R.M. *A linguagem da moral*. Trad. Eduardo Pereira e Ferreira. São Paulo: Martins Fontes, 1996.

HUSSERL, Edmund. *Meditações cartesianas*. Introdução à Fenomenologia. Trad. Frank de Oliveira. São Paulo: Madras, 2001.

JIMENEZ SERRANO, Pablo. *Compêndio de Metodologia da Ciência do Direito*. Primeira e Segunda Parte. São Paulo: Catálise, 2004.

________. *Metodologia do Ensino e da Pesquisa Jurídica*. São Paulo: Jurismestre, 2015.

________. *Compreensão Epistemológica do Direito: A Significação das Proposições Jurídicas*. In O Direito e a ética na sociedade contemporânea. (Org). Flávio Martins Alves Nunes Júnior; Grasiele Augusta Ferreira Nascimento. Campinas, SP: Alínea, 2006, p. 237-275.

________. *Para uma Leitura Lógica e Fenomenológica do Direito*. In Revista Jurídica Direito & Paz. São Paulo: Lorena, ano 08, n. 14, p. 117 - 148, 1º Semestre, 2006.

________. *Compreensão Epistemológica das Proposições Jurídicas*. Dissertação de Mestrado apresentada ao Centro de Pós-Graduação da Universidade São Judas Tadeu, para obtenção do título de Mestre em Filosofia. São Paulo, 2005.

________. *Como Estudar Direito: para melhor apreender o saber jurídico*. Campinas, SP: Alínea, 2007.

________. *Como Utilizar o Direito Comparado na Elaboração de Teses Científica*. Rio de Janeiro: Forense, 2006.

________. *Hermenêutica e Interpretação Jurídica*. Rido de Janeiro: Jurismestre, 2 015.

________. *Epistemologia do Direito: para uma melhor compreensão da ciência do direito*. Campinas, SP: Alínea, 2007.

KANT, Emmanuel. *Crítica da Razão Pura.* Trad. J. Rodrigues de Mereje. Rio de Janeiro: Tecnoprint. [s.d].

KELSEN, Hans. *A Justiça e o Direito Natural.* Coimbra: Armênio Amado, 1979.

________. *Teoria Geral das Normas.* (trad. José Florentino Duarte). Porto Alegre:Sérgio Antônio Fabris Editor, 1986.

________. *Teoria Pura do Direito*. Tradução João Baptista Machado. 4 ed. São Paulo: Martins Fontes, 1995.

________. *Teoria Geral do Direito e do Estado.* Tradução Luis Carlos Borges. São Paulo: Martins Fontes, 1998.

KELSEN, Hans & COSSIO, Carlos. *Problemas Escogidos de la Teoria Pura del Derecho (Teoria Egológica y Teoria Pura).* Buenos Aires, 1952.

KELSEN – KLUG. *Normas Jurídicas e Análise Lógica. Correspondência 1959-1965*. Trad. Paulo Bonavides. Rio de Janeiro: Forense, 1984.

LÉRTORA, Celina. Valores culturales. In: TEALDI, Juan Carlos. *Diccionario latinoamericano de bioética*. Bogotá: UNESCO - Red Latinoamericana y del Caribe de Bioética: Universidad Nacional de Colombia, 2008.

MAXIMILIANO, Carlos. *Hermenêutica e aplicação do direito.* 19. ed. Rio de Janeiro: Forense, 2003.

MENDONÇA, Jacy de Souza. *O Curso de Filosofia do Direito do Professor Armando Câmara*. Porto Alegre, RS, 1999.

MIRANDA, Pontes de. *Sistema de Ciência Positiva do Direito*. 2. ed. Rio de Janeiro: Borsoi, t. IV, 1972.

MOORE, A. W. *Filosofia da Lógica.* In, BUNNIN, Nicholas e E.P. Tsui-James (orgs). *Compêndio de Filosofia*. São Paulo: Loyola, 2002.

NALINI, José Renato. *Ética geral e profissional.* 4. ed. rev. e atual. São Paulo: Rt, 2004.

NUNES, Luiz Antonio Rizzatto. *Comentários ao Código de Defesa do Consumidor*: direito material. São Paulo: Saraiva, 2000.

PERELMAN, Chaïm. *Lógica jurídica: nova retórica.* Tradução Vergínia K. Pupi; revisão de tradução Maria Ermantina de Almeida Prado Galvão; revisão técnica Gildo Sá Leitão Rios. 2. ed. São Paulo: Martins Fontes, 2004.

PLATÃO. *Fédon*. Trad. Miguel Ruas. 4. ed. São Paulo: Atena, 1960.

POPPER, Karl. R. *A lógica da pesquisa científica.* Tradução de Leonidas Hegenberg e Octanny Silveira da Mota. São Paulo: Cultrix, 1972.

________. *Conhecimento objetivo: uma abordagem evolucionária.* Trad.. de Milton Amado. Belo Horizonte: Itatiaia, 1999.

REALE, Miguel. *Filosofia do Direito*. 20. ed. Revista e aumentada. São Paulo: Saraiva 2002.

________. *Fundamentos do Direito.* 3. ed., São Paulo: Revista dos Tribunais, 1998.

________. *Teoria tridimensional do direito*. 5. ed. São Paulo: Saraiva, 2000.

________. *Experiência e cultura.* 2. ed. Campinas: Bookseller, 2000.

________. *Lições Preliminares de direito*. 25. ed. São Paulo: Saraiva, 2001.

RICO LARA, Manuel. *La Teoría Egológica del Derecho* (I). España: Sevilla, [s.d.] Boletín núm. 1578.

RICOEUR, Paul. *Teoria da Interpretação*: *o discurso e o excesso de significação*. Lisboa: Edições 70, 1976.

________. *O Conflito das Interpretações: ensaios de hermenêutica.* Trad. Hilton Japiasso. Rio de Janeiro: Imago, 1978.

________. *Do texto à Ação.* Trad. Maria Jose Sarabando Alcino Cartaxo. Portugal: Rés, [s.d.].

ROBLES, Gregorio. *O direito como texto: quatro estudos de teoria comunicacional do direito*. Trad. de Roberto Barbosa Alves. Barueri, São Paulo: Manole, 2005.

ROSS, Alf. *Direito e Justiça*. Trad. Edson Bini. Bauru, S P: EDIPRO, 2000.

SARLET, Ingo Wolfgang. *A eficácia dos direitos fundamentais*. 3. ed. rev. atual. e ampl. Porto Alegre: Livraria do Advogado, 2003.

SERRANO, Pablo Jiménez. *Como estudar direito*. Campinas, SP: Alínea, 2007.

SILVA, Paulo Cesar da. Os valores fundamentais e o Biodireito. In: RAMPAZZO, Lino; SILVA, Paulo Cesar da (Orgs.). *Pessoa, Justiça Social e Bioética*. Campinas: Alínea, 2009.

SILVEIRA, Alípio. *Hermenêutica no Direito Brasileiro*. São Paulo: Rt, 1968.

SROUR, Robert Henry. *Ética empresarial*. Rio de Janeiro: Campus, 2000.

TEALDI, Juan Carlos. *Diccionario latinoamericano de Bioética*. Bogotá: UNESCO - Red Latinoamericana y del Caribe de Bioética: Universidad Nacional de Colombia, 2008.

VILANOVA, Lourival. *Causalidade e relação no direito*. 4. ed. rev. atual. e ampl. São Paulo: Rt, 2000.

Printed in Dunstable, United Kingdom

91341905R00057